太平洋戦争の新常識

歴史街道編集部 編
Rekishikaido

PHP新書

太平洋戦争の新常識

目次

第一章

日米両国は五十年間、戦端を開かなかった

中西輝政

十九世紀後半から「潜在的ライバル」だった日本とアメリカ

古今東西の歴史を振り返ったとき、「戦争の起きる可能性が特に高い」と思われる〝構図〟がいくつかあります。

最近では、ハーバード大学教授のグレアム・アリソンの著書『運命づけられた戦争』（邦訳の書名は『米中戦争前夜』、ダイヤモンド社、二〇一七年。同書は現在、対立関係にあるアメリカと中国が、いずれ戦争に至るのかどうかを論じたものです）の中で取り上げられた、「ツキディデスの罠《わな》」という見方が注目されました。「ツキディデスの罠」とは、古代ギリシャの歴史家ツキディデスの名にちなんだ表現で、「従来の覇権《はけん》国に挑戦する有力な新興国が出てくると、時間が経《た》つほど追い上げられる覇権国が不利になる。だから早いうちに、戦争によって挑戦する新興国を叩《たた》き潰《つぶ》そうとする」というものです。

紀元前五世紀のペロポネソス戦争から近代まで、「覇権国vs.挑戦する新興国」の対決というパターンにあてはまる世界史上の十五の事例をピックアップしたアリソン教授は、そのうちの十二のケースで結局は戦争になったと指摘しています。

確かに、そうしたメカニズムはあると思います。しかし、一九四一〜一九四五年（昭和十六〜二十年）にかけて起こった日米戦争は、現代の日本人はえてして、そう捉《とら》えがちですが、「新興国の日本が覇権国アメリカに挑戦した」という構図では決してありません。

では、両者はどういう関係だったのか。十九世紀から二十世紀にかけて、日米両国はどちらも、「グローバル覇権国である大英帝国（パックス・ブリタニカ）への挑戦者」であり、日露戦争後に顕著になる日米の対立や争いはアジアと太平洋の地域覇権をめぐるものだった、と位置づけられます。

日本は、一八六八年（明治元年）に始まる明治維新から近代国家の歩みを始め、急速に国力を伸ばしていきました。一方のアメリカも、一八六五年（慶応《けいおう》元年）に終わった南北戦争後に、本格的な海外進出へと動き出します。そして、一八八〇年（明治十三年）頃から、両国はほとんど同時に、それぞれ将来の目標として、東西から「アジア・太平洋の覇権」という山の頂上を目指して登り始めていたのでした。この時点で、すでに日本とアメリカは「潜在的ライバル」だったといっていいでしょう。それを劇的に物語るのは、「ハワイ王国の滅亡」です。

十九世紀の終わり頃、ハワイを代表する名曲、あの「アロハ・オエ」をつくったリリウオカラニ女王が、ハワイを統治していました。その時代に日本とアメリカは、それぞれ同時にハワイでの存在感を増していたのです。

とりわけアメリカの野心に脅威《きょうい》を感じたハワイ王国は、独立を守るため、日本の皇族との婚姻《こんいん》を通じて日＝ハワイ間の同盟関係を結ぼうとしたのですが、当時の日本はまだアメリカと正面切って争う力はなく、明治天皇と日本政府は対米譲歩《じょうほ》を選択し、「日本とハワイ王国の対米同盟」という構想は立ち消えになりました。

その後、一八九三年（明治二十六年）に、ハワイにいるアメリカ人が武力クーデターを起こし、一方的に王政廃止を宣言して、ハワイ王国は滅ぼされます。

このとき、ハワイの日本人居留民《きよりゆうみん》を保護するという名目で、日本海軍の軍艦「浪速《なにわ》」が急遽《きゅうきょ》、ハワイに向かいました。

ホノルルに入港した「浪速」は、艦長の東郷平八郎《とうごうへいはちろう》が〝礼砲〟と称して、アメリカの軍艦に向けて大砲を撃ちます。これは「ハワイ王国を救うために、日本が武力介入する姿勢をほのめかした」と、アメリカ系白人の目には映《うつ》りました。

もちろん、日本にアメリカと砲火を交《まじ》える力はありません。しかし、そうすることで東郷平八郎はアメリカ系白人の横暴に対し、「一矢《いっし》を報いた」わけです。

日米戦争は一九四一年の真珠湾《しんじゅわん》攻撃で始まりますが、それに先立つこと約五十年、このような日米両国の「確執《かくしつ》」を象徴する事件が、まさにそのハワイで起こっていたのです。

中国学者・内藤湖南の予言

ハワイ王国を滅ぼしたアメリカは、一八九八年（明治三十一年）、スペインとの戦い（米西戦争）に勝利し、スペイン領だったフィリピンやグアム島などを、新たにアメリカの植民地にして、アジアに本格的な進出を果たします。

一方、その三年前、日清《にっしん》戦争に勝った日本はすでに台湾を領有していました。台湾とフィリピンは、およそ二百数十キロの海峡を挟《はさ》んで向かい合っています。つまり、十九世紀の終わり頃には、すでに日本とアメリカの領土が「指呼《しこ》の間《かん》」と呼べるほど、距離的に近く向き合っていたわけです。

もっとも、この頃の日本は、もっぱら北方からのロシアの脅威に目を向けていました。そして、一九〇四年（明治三十七年）から翌年にかけて、日露《にちろ》戦争を戦ったのですが、日米関係が「潜在的ライバル」から「顕在的《けんざい》ライバル」に変化するのは、この日露戦争での日本の勝利をきっかけとしてでした。この戦争で予想外に勝利した日本が東アジア・西太平洋の一大強国に浮上したことは、アジア進出を狙っていたアメリカの国家戦略に対する大きな障害として立ちはだかることになったからです。そして、日本はアメリカの「潜在敵国《エネミー》ナンバーワン」と位置づけられるようになりました。とりわけ日本海海戦（一九〇五年）における日本海軍の圧倒的な強さを見せつけられたアメリカは、対日戦争の具体的な計画として「オレンジ計画」に着手し、軍事的にも日本との対決を明確に視野に入れるようになります。

こうして早くも一九〇六年（明治三十九年）には、「日米間で戦争が切迫している」という見方が太平洋の両側で広く語られるようになり、『日米もし戦わば』というタイトルの本や同様の趣旨の本が、日米両国で繰り返しベストセラーになり、「いまにも日米開戦か」という緊張感が強まっていきました。

とくに明治四十年（一九〇七年）前後にアメリカでは強烈な反日世論が国内を席巻《せっけん》し、カリフォルニアでは官民一体となった日系移民の排斥《はいせき》運動が各地で激化していきます。

これに対して、日本国内の世論は強く反発し、非常に危《あや》うい状況に陥《おちい》ったのですが、それでも結果的に戦争には至りませんでした。それには、日本側が常にアメリカの要求を受け入れ、移民を制限する自主規制に応じたり、アメリカの対日投資を進んで受け入れるなどの譲歩を繰り返したことが大きかったといえます。また、日本は太平洋よりもアジア大陸、とくに満洲《まんしゅう》への進出に専念するようになっていたことも、日米対立の〝緩衝材《かんしょうざい》〟となっていました。とりわけ、この時期、日本が世界覇権国イギリスとの間で、日英同盟を結んでいたことで、アメリカを外交的・戦略的に抑止《よくし》できたことが日米戦争を回避しえた決定的な要因だったと思います。

そして、第一次世界大戦が起こり、日米はたまたま共に連合国の一員として参戦し、ドイツと戦います。この大戦中に、日米ともに急速に国力を伸ばす一方、大英帝国は大きく衰退し、覇権国の地位をすべり落ち始めます。それゆえ、第一次世界大戦後は、後退したイギリスの地位をめぐって日米対立は激化し、一九二〇年代にかけて、日米両国は大規模な軍拡を行い、海軍の建艦競争に突入します。

そこで一九二一年（大正十年）から二二年（大正十一年）にかけて日米英などの間でワシントン会議が開かれ、海軍軍縮条約が結ばれますが、同時にこの会議においてアメリカは日英同盟を廃棄《はいき》させることに成功しました。これを見た、衰退するグローバル覇権国であるイギリス高官は、「日米という新興国同士が我々の後釜《あとがま》の座をめぐって、危険なゲームを始めた。これは必ず衝突に至るだろう」と述べた、といわれています。

また、第一次世界大戦前はドイツ領だった南洋群島が、ヴェルサイユ講和会議（一九一九年）の結果、日本の委任統治領（国際連盟の委任に基づく）とされたことも、日米間にさらなる緊張をもたらしました。

十九世紀からのアメリカ領土であるグアム島を、日本が委任統治ながら実質的に支配する北のサイパン、テニアン、そしてロタ島などのマリアナ諸島（グアム島との距離はわずか数十キロ）、また日本海軍の根拠地となる、グアム島のすぐ南のカロリン諸島のトラック島など、日本支配下のミクロネシア諸島がアメリカの要衝であるグアムを取り囲むことになりました。つまりグアムは、日本の南洋群島に、軍事的にも完全に包囲された格好になったのです。

こういう状況にあっては、いつ何時《なんどき》、偶発《ぐうはつ》的な戦争が起こっても不思議ではありません。しかし、それでも日米は、すぐには大事には至りませんでした。むしろ、なぜ日米はすぐに戦争にならなかったのか、その問いのほうが重要なくらいです。

その要因の一つは、対立が激化すると、すぐに日本が繰り返し対米譲歩をし続けたからです。とくにワシントン会議以後、アメリカは日本の大陸権益に強い圧力を加えるようになりましたが、日本はひたすら中国問題ではアメリカの圧力に妥協を繰り返していました。とりわけ中国をめぐる「九カ国条約」（一九二二年）はその適例でした。一九二四年（大正十三年）、日本の有名な中国学者、内藤湖南《ないとうこなん》は「支那問題に対しても、日本政府は米国に叱《しか》られるか、ほめられるかということを第一に考へている。しかし結局は破裂するしかない道を辿《たど》っているのである」と予言しています（『新支那論』）。とりわけアメリカは、日本が満洲に持っている満鉄（南満洲鉄道）を始めとした権益を回収しようとする中国国民党の排日政策を裏で支える役割を果たしていると見られていました。

そして湖南の予言通り、一九三一年（昭和六年）、満洲事変が始まり、翌年、一気に満洲国が建国されます。

これに対し、アメリカの国務長官ヘンリー・スチムソンは「満洲国は絶対に承認しない」として、日本の立場を全否定しました（スチムソン・ドクトリン）。

それだけでなく、スチムソンは日本に対する経済制裁の発動を主張しました。この提案はかろうじてハーバート・フーバー大統領が止めますが、この時すでにアメリカの外交はそこまで日本に対して強硬な姿勢になっていました。

一方の日本も、事が「生命線」とされた大陸権益に関わる以上、一歩も退《ひ》かず、満洲事変を調査した「リットン報告書」も受け入れず、国際連盟から脱退します。

こうして太平洋を挟んだ二つの大国の間に、互いに寸分《すんぶん》の妥協も許さない構造化した対立関係が生じたのです。普通なら、いつ戦争が起こってもおかしくない状況ですが、それでも以後、十年間も戦争は起こらなかった。国際政治の常識からして、むしろこれこそ一種の「奇跡」では、とすら思えるのです。

このように日露戦争後に「明白なライバル関係」となった後も、三十数年間、日米関係は「時に著《いちじる》しく悪化しては、その後、緊張が緩和《かんわ》する」ということが繰り返されましたが、結局、戦争には至りませんでした。

それは「緊張し続けた平和」と呼べるでしょうが、いつ戦争が起こってもおかしくない対立関係が繰り返し何度も生じながら、しかも驚くほど長い間、戦争は起こらなかったのです。

むしろこれこそが、戦前の日米関係で特筆すべきことだったと思います。

国内に抱えた「大きな弱点」が「抑止力」となった

では、なぜ日米両国は、戦争をこれほど何度も回避することができたのでしょうか。

一つには、お互い国内に「大きな弱点」を抱えていたということがあります（このことは現在の米中関係にもあてはまると私は見ています）。

日米開戦までのアメリカにおける公式な政策は、「孤立主義」でした。「海外の問題に積極的に介入しない」というアメリカ建国以来の考え方が、アメリカの国民を強く支配していた。外交面はまだしも、第一次世界大戦を例外として、むやみに外国に軍事干渉したり、海外の戦争に関わることは世論から強い反発を受けるので、なかなか踏み切れなかったのです。

加えて、経済の影響も見逃せません。一九一〇年代末から二〇年代の終わりまで、アメリカ経済は長期間、未曾有《みぞう》の活況を呈《てい》し、経済上も戦争など考える必要などなかった。他方また、一九三〇年代は突然、大恐慌が起こってアメリカの経済が大幅に萎縮《いしゅく》、低迷してしまったために、これまた海外の問題に関与できなくなりました。

では、日本の側の「弱点」とは何か。それは、大正・昭和初期の日本では国内政治の主導権をめぐって、政党や軍部などの各勢力の権力闘争が激化し、内政が常に不安定になり、世界に視野を向ける余裕のない状態が続いたことです。大正時代の半ばから議会政治が優勢になり、維新以来の国のあり方が大きく変わろうとしていました。いわゆる「大正デモクラシー」です。ところが、昭和に入ると、その逆流が起こり、軍部が政治に強い影響を及ぼすようになった。

この間、日本の政治の軸を政党が握っていたのか、元老《げんろう》や重臣たちが握っていたのか、あるいは軍部だったのか、後世から見てもよくわからないほど、国内政治は錯綜し日本は右往左往していました。

要するに、大正・昭和初期の日本は政治の軸が定まらないため、対外的な国家意思を決定することができず、一種の麻痺《まひ》状態に落ち込んでいました。その中で、五・一五事件、二・二六事件のような軍部クーデターの動きが繰り返し起こっていくのです。

この、大正デモクラシーから恒常的に続く国内政治の混迷と脆弱《ぜいじゃく》化が、逆に日米の対立関係を一定のところで抑え、それ以上、進ませることはなかったのだと、私は考えています。つまり、日本の国内政治の弱体化が日米戦争を「抑止」したと同時に、その同じ原因が同時期の日本外交を停滞させ、日米戦争の遠因を積み上げていったのです。その好例が、シベリア出兵や米議会による排日移民法さらにはワシントン・ロンドンの両軍縮会議への対応の失敗など、大正外交が繰り返した挫折と混迷でした。

一般に、対外関係で構造化した対立を抱えていても、双方の内政が混乱していると、戦争は起こりにくいのですが、やがて国内政治の安定が確立し、かつてない強いリーダーシップが可能になると、そのとき戦争が起こりやすくなります（たとえば、一九四〇年〈昭和十五年〉のルーズベルトの大統領三選）。

また、国内政治のリーダーシップが限度を超えて、あまりにも弱くなるのも危険です。そうなると対外戦争を利用して、国内の権力闘争に勝とうとする極端かつ危険な政治局面が生まれることがあるからです。盧溝橋《ろこうきょう》事件（一九三七年）以後の日中戦争の拡大には、このパターンがあてはまるかもしれません。

ルーズベルト大統領の背中を押したものは何か

その日中戦争で、アメリカのルーズベルト政権が、中立義務に違反するほど積極的に中国の蔣介石《しょうかいせき》政権を支援し続けたことは、日米の対立をさらに尖鋭《せんえい》化させていきます。しかし、それでも日米関係は破局に至りませんでした。そこには日米双方に戦争を回避させる、一層強い要因があったからです。それは、日本の側に「アメリカと戦っても、到底《とうてい》、勝ち目はない」という見通しが日本の民間・政府そして軍上層部にも明白にあったことと、他方、アメリカ国内では、ヨーロッパでの戦雲の高まりを懸念するアメリカ世論の中立志向の強まりです。もしこのまま推移していれば、満洲事変や日中戦争を経ても、結局、最後まで日米戦争は起こらない可能性もありました。しかし、現実には一九四一年十二月八日、日米は開戦に至りました。なぜなのか。それこそが日米開戦の核心と言えましょう。

これまでの経緯を考えると、日米開戦を抑止する要因はあっても、後押しする決定的な要因が、ある時点までは欠如《けつじょ》していたといわざるを得ません、では、いったい何が決定的な要因となったのか。それはヨーロッパにおける第二次世界大戦の勃発《ぼっぱつ》（一九三九年）です。

とりわけ第二次世界大戦前半の、一九四一年までのヨーロッパにおける戦局の展開が決定的な引き金となったと、私は理解しています。その重要な局面は三つありました。

まず、一九四〇年五月十日に始まるドイツ軍の「西部大攻勢」です。

周知のように、前年の九月一日にドイツがポーランドに侵攻。この時、ソ連はドイツとの間に「独ソ不可侵条約」を結んでいて、ドイツと同盟関係にありました。他方、ポーランドと同盟を結んでいたイギリス、フランスがこの時ドイツに宣戦布告して、第二次世界大戦の火蓋《ひぶた》が切って落とされました。

その後しばらくは双方に大きな動きがなかったのですが、開戦から八カ月ほど経って、百万を超えるドイツ軍の機甲部隊が突如、ベルギー南方のアルデンヌ高原を突破してフランスに侵攻し、二百万以上の英仏連合軍は英仏海峡を背にしたダンケルクに追い詰められて壊《かい》滅《めつ》、敗残兵三十万が命からがらイギリスへ総撤退しました。

こうして六月十四日にドイツ軍はパリに入城し、六月二十二日にフランスは正式に降伏して、ドイツの占領下に入りました。

これによりオランダ、ベルギーもフランスと同様、独立を失って、ヨーロッパ大陸はほぼ全土がドイツの支配下に入り、イギリスももはや風前《ふうぜん》の灯火《ともしび》となり、いつ何時、ドイツ軍に完全占領されるかわからなくなった。

そして、ここから日米戦争への道が本格的に始まるのです。

というのも、当時、日本は日中戦争の泥沼にはまって苦慮《くりよ》していましたが、このドイツの目覚《めざ》ましい大勝利に接した日本人は、「これでドイツが大英帝国に代わって、世界の覇権を握ることがはっきりした」と思ってしまった。

それを物語るのが、一九四〇年七月二十六日に閣議決定した近衛文麿《このえふみまろ》内閣の「基本国策要綱」です。そこには、次のような趣旨の一節があります。

「世界はドイツ・イタリア、日本、ソ連、アメリカをそれぞれ盟主とする四つの勢力圏に分割される。いまや世界は歴史的一大転機に直面し、これら数個の国家群の生成発展を基調とする、新たなる政治・経済・文化の創成を見んとしている」

つまり、世界は根底から変わったのだ、と言っているのです。また日本は、英仏オランダなどドイツ軍によって本国が席巻されていた国のアジアにおける植民地を、日本の支配下に置くことが可能になったとみて、一挙に「大東亜共栄圏の建設」を国策として掲げるようになりました。ここから仏印（ベトナム）への日本軍の進駐が始まってくるのです。

そして同時に、先のような世界認識に立って、性急にも日独伊三国同盟（一九四〇年九月）の締結が行なわれました。

ところがアメリカはどうかというと、もしイギリスが陥落すれば、東南アジアに加え、カナダ、オーストラリア、そしてラテン・アメリカとカリブ海一帯が、すべてドイツの支配下に入ってしまう。その時、アメリカの安全は根底から脅《おびや》かされる、これを防ぐにはアメリカがヨーロッパの戦いに参戦するしかない、とルーズベルト政権は捉えるようになったのです。

またそこから、「民主主義（つまりイギリス）を救え」「アメリカが民主主義の兵器廠《へいきしょう》になるべき」という声が高まり、イギリスが陥落する前に「一日も早くヨーロッパの戦争に参戦しなければいけない」という切迫《せっぱく》した気持ちを、ルーズベルト大統領とその周辺は抱くようになりました。しかし、依然としてアメリカの世論の八〇パーセントはヨーロッパへの参戦に反対しています。この世論を克服して、ヨーロッパに参戦するにはどうすればよいのか。ルーズベルトの焦燥《しょうそう》感は高まるばかりでした。

日米開戦に向かう次の重要な分岐《ぶんき》点は、一九四一年六月二十二日のドイツ軍のソ連侵攻、すなわち独ソ開戦でした。このときに日本が北進してシベリアへ軍を進めたならば、東西から挟み撃ちにされたソ連が、一挙に崩壊することは明らかでした。

ソ連が崩壊すれば、ヨーロッパの戦争は片がつくといってもいい。そしてその結果、ソ連の巨大な資源と国力がドイツと日本の支配下に置かれたら、枢軸側《すうじく》がユーラシア大陸の大部分を支配し、アメリカは完全に孤立して、きわめて不利な立場になってしまう。

そこから「ソ連を崩壊させてなるものか」という思いが、ルーズベルト大統領にあの大きな決断をさせたのだと思われます。その「決断」とは、日本の北進をやめさせ、逆に南進させようという目的で、対日石油禁輸と在米日本資産の凍結を行なったことです。ルーズベルトはこの強硬な対日経済制裁によって日本を挑発し、日米開戦を経て、米独戦争、つまりアメリカのヨーロッパ参戦と、ドイツ軍によって崩壊寸前に陥っていた英ソ両国への軍事力による救援を実現せんとしたのです。

戦後の日本では、「日本軍の南部仏印進駐への対抗として、石油禁輸と資産凍結が発動された」と我々は教えられてきました。ところが、最近、明らかになったイギリスの暗号解読文書を読むと、すでに一九四一年六月の時点で、米英は七月末に予定されていた日本による南部仏印進駐の動きをいち早くつかんでおり、これを口実として対日石油禁輸へ踏み込もうという動きが出てきます。

つまり、戦後日本の解釈は実は順序が逆で、むしろ石油禁輸をされた日本は必ず蘭印（インドネシア）などさらに南方の資源を求め、対英米武力行使に出ると見て、日本に「最初の一発」を撃たせようとしたわけです。しかし、日本は、石油を止められても対米開戦だけは何としても避けようとして、近衛＝ルーズベルト会談を提案したり、石油輸出の再開を求めて仏印からの撤退を申し出るなど、日米交渉でギリギリの対米譲歩案（乙《おつ》案）を提案したりして、何とか日米の開戦だけは回避しようと、いわば「七転八倒」しました。

「戦って滅びるか、戦わずして滅びるか」

しかし日米開戦へ向け、三つ目の、そして決定的な局面の転回が、一九四一年十一月二十日頃に起こりました。

ソ連軍を追って破竹《はちく》の進撃をしていたドイツ軍が、この頃ついにモスクワ郊外へ到達したというニュースが、全世界に報じられたことです。

一時は、時間稼ぎのため日本との暫定合意に傾いていたルーズベルト大統領も、この「ソ連崩壊」が目前に迫っている状況に直面し、焦燥の極《きょく》に陥り、併せてイギリスや中国からも「対日譲歩」への強い反対に直面しました。その結果ルーズベルト大統領が最終的に選んだ対応が、日本に対して一切の妥協を拒む、あの「ハル・ノート」の発出《はっしゅつ》だったのです。

当時、まだ日米交渉が続いていて、前述のように十一月初めには「我々は南部仏印から撤退する。だから、航空機燃料用の石油だけは三カ月間だけ緩《ゆる》めて欲しい」という妥協案（いわゆる乙案）を日本が出し、アメリカ側はその諾否《だくひ》を議論していたのです。

そこに突如、まったく藪《やぶ》から棒に、日本に三国同盟の放棄や（満洲を含む）中国全土からの撤兵を要求し、実質上、日本の全面屈服を迫る「ハル・ノート」がアメリカから出てきたのです。このタイミングを考えたとき、これは明らかに、ソ連崩壊を目前にして「もはや一刻の猶予《ゆうよ》も許さない」との観点から、即時の日米開戦を意図したものだといっていいでしょう。

少なく見ても、「ハル・ノート」は、八カ月にわたって行なってきた日米交渉のすべてを、「ちゃぶ台返し」するような内容でした。

それは内容的には対日宣戦布告に等しく、これを見て、「戦って滅びるか、戦わずして滅びるか」を日本に迫るもの、と永野修身《ながのおさみ》軍令部総長がいっていますが、「ハル・ノート」は、和戦《わせん》を決める日本の最終決定において、まさにそれぐらいのインパクトがあったのです。

これで内閣も大本営も、そしておそらくは、あれほど日米の平和を願ってきた昭和天皇も、事ここに至っては外交交渉による解決はすべてあきらめざるを得なくなりました。それまでギリギリの日米打開を求めて奔走してきた東郷茂徳《しげのり》外務大臣も、戦後の回想録で、ハル・ノートを見て「目もくらむような失望にうちひしがれた」と語っているのが印象的です。

こうして「和戦いずれを選んでも、日本の滅亡は避けられなくなった」と感じた日本の指導層は、「ならば死中に活《かつ》を求めよう」と、一致して開戦を決意したのです。このことは十二月一日の御前会議の「実にさっぱりとした雰囲気《ふんいき》」によく表れています。つまり「いま戦わなければ、確実に滅びる」という心理を日本のリーダーたちが共有するに至っていたのです。これこそ古来、戦争勃発のメカニズムの究極のパターンだったといえます。

他方、当時のアメリカは、政権上層部の軍人も政治家も大半は、「日本など、われわれの敵ではない。鎧袖一触《がいしゅういっしょく》だ」と考えていました。要するに、日本との戦争はアメリカにとって、それほどの負担にならないという意識が強かったのです。あくまで対独戦こそアメリカの主目的であり、日本を挑発し先に日本からアメリカを攻撃させることによって、日米間の戦争を引き起こすことに大きなためらいはなかった。アメリカは日本の軍事能力をそれほど過小評価していたのです。

日本が先に手を出し、アメリカへの奇襲攻撃で戦端《せんたん》を開いたら、アメリカは日独伊三国同盟という枠組みを利用し、ただちにヨーロッパの戦争に参戦できる。そのとき、八〇パーセント以上の米国民が「海外の戦争に関与すべきではない」としてきた従来からのアメリカ世論も、「日本のだまし討ち」と叫び、一挙に転換するようになる。

このルーズベルトの狙いは真珠湾攻撃でまさに図星《ずぼし》に当たりました。そして、それはペリー来航以来、約九十年にわたった、近代日米関係の「宿命の帰結」だったのです。

※　※　※

日米戦争が終わった後から見ると、「なぜ、あんな無謀《むぼう》な戦争をやったのか」という疑問が出てくるのは当然です。しかし、視点をこのように同時代に移せば、見えるものがまったく違ってくるはずです。

日米両国、とりわけ日本はあれほど長らく戦争を回避し続けてきたのですが、不幸にして第二次世界大戦によって起こったヨーロッパとアジアの連関《れんかん》構造が日米戦争の決定的な構図をつくりだしたのです。戦争も平和も、急速にグローバル化していった二十世紀の悲劇というしかありません。

第二章

情報を精査したうえで、開戦は決定された

牧野邦昭

「秋丸機関」が実施した「主要国の経済抗戦力調査」

昭和十六年（一九四一）における、日本の「対米開戦」、正確には「アメリカ、イギリスへの宣戦布告」は、今日《こんにち》の視点からすると、非合理的な選択に見える。

冷静に考えれば、圧倒的な国力を誇るアメリカとイギリスを相手に戦うのは、得策ではない。それにもかかわらず、なぜ、日本は開戦を決断したのか。多くの人は、不思議に思うだろう。

しかし、当時の日本の指導者たちが、格別に「愚《おろ》か」で「非合理的」だったかというと、必ずしもそうとは言えない。

特に、日本陸軍と言えば、一般に「非合理的」「情報軽視」といったイメージを持たれている。だがそんな陸軍も、決して情報を軽視していたわけではない。

実際には開戦前、一流の経済学者を動員して、日本のほか、アメリカ、イギリス、ドイツなど、主要国の経済抗戦力、つまり経済の観点から見た戦力を調査していた。

その任務を担当した組織の一つとして、陸軍省戦争経済研究班、通称「秋丸機関《あきまる》」が挙げられる。

秋丸機関とは、昭和十五年（一九四〇）に設立された組織で、陸軍省軍務局軍事課長だった岩畔豪雄《いわくろひでお》が、満洲《まんしゅう》の関東軍にいた秋丸次朗中佐を呼び寄せるかたちでつくられた。岩畔は陸軍中野《なかの》学校の創設に深く関与するなどして、「謀略の岩畔」と称された人物で、ノモンハン事件や第二次世界大戦の勃発《ぼっぱつ》といった緊迫する国際情勢の中で、総力戦の準備が必要だと考えていた。

一方、秋丸は満洲国に、経済面で深く関わった人物である。南満洲鉄道株式会社の調査機関である満鉄経済調査会や、その後身の満鉄調査部と密接な関係を持ち、さらに岸信介《きしのぶすけ》ら、日本の官庁から派遣された、いわゆる「革新官僚」との人脈も持っていた。

その活躍は、「関東軍参謀部に秋丸参謀あり」と、日本の財界にも知られていたという。岩畔も満洲国とゆかりのある軍人であり、おそらく、陸軍にも満鉄調査部のようなシンクタンクをつくろうと考え、秋丸を内地に呼び寄せたと考えられる。

その秋丸は、「彼我《ひが》の戦争経済＝経済戦力を測定し、その優劣を比較検討することから始めなければならない」と考え、満洲時代の人脈を生かして、経済学者や官僚をメンバーに加えていく。

その中には、戦後に経済・エネルギー政策に関わる東京帝国大学助教授（当時）の有沢広巳《ありさわひろみ》らがいた。実は当時、有沢は治安維持法違反容疑で検挙され、保釈中の身であった。

それでも「軍部に迎合《げいごう》するようなことは書いてはいけない。あなた自身が本当に考えていることを、真実を書いてくれ」と依頼されたという。陸軍はそこまでして、正確な情報を得ようとしていた。

そして有沢ら学者たちが、英米班、独伊班、ソ連班、日本班と、それぞれの国の経済抗戦力の調査を行なった。

当時はまだマクロ経済学が体系的には存在しておらず、主に各国の統計を総ざらいして分析する、という方法がとられた。

『英米合作経済抗戦力調査』などが示したわずかな可能性

では、秋丸機関の調査内容はどのようなものであったのだろうか。

有沢が戦後に語ったところによると、秋丸機関の報告書は「国策に反する」ものだったため、すべて焼却されてしまったという。この有沢証言が長らく事実と信じられてきた。

ところが、平成三年（一九九一）に、報告書のうちの一冊、『英米合作経済抗戦力調査（其《そ》の一《いち》）』が発見された。

その報告書で英米の経済抗戦力の巨大さが示されていたことが明らかになると、秋丸機関については「経済学者が対米戦の無謀さを指摘したにもかかわらず、陸軍はそれを無視して開戦に踏み切った」と理解され、それが通説となっていた。

しかし、そうした見方はやや平板《へいばん》である。秋丸機関の作成した資料は実はかなり残されており、特に平成二十六年（二〇一四）、前掲書と対《つい》をなす『英米合作経済抗戦力調査（其二）』が見つかり、さらにその前年には、ドイツに関する報告書『独逸経済抗戦力調査』が、静岡大学附属図書館に所蔵されていることがわかっていた。

そして三冊の報告書を合わせてみると、「対米戦の無謀さ」のみを強調した内容というわけではないことが判明した。

『英米（一）』と『英米（二）』では、確かに、イギリスとアメリカを合わせれば、巨大な経済力を有することが指摘されている。

両書には記されてないが、秋丸自身は陸軍内で、英米と日本の経済戦力比は二〇対一、と報告していたという。

しかし両書は、イギリス一国については、数字の上では屈服《くっぷく》させられる可能性があることを示し、英米間の船舶《せんぱく》輸送に弱点があるとしている。

この内容からすると、大西洋において、ドイツとイタリア、特にドイツがどれだけ英米の船舶を撃沈できるか、つまりドイツの国力が重要だと指摘していることになる。

そこで『独逸』の内容を調べると、ドイツの経済抗戦力は昭和十六年がピークで、その後は低下する、ドイツが対英米長期戦に堪《た》えるには、対ソ戦に短期で勝利してソ連の生産力を利用する必要がある、と記されている。

ドイツの経済力の限界を冷静に見ており、やはり長期戦になるほど、日本は不利になるように読める。しかし『独逸』は、日本のとるべき方向について、かなり具体的な提案をしている。

つまり、日本はドイツを助けるため、また、独ソ戦開戦によって一層強化される連合国の包囲を突破するため、ドイツとともにソ連と戦う北進ではなく、資源を獲得するために南進すべき、とされている。

この報告書が作成されたのは、昭和十六年の六月から七月のことと推測される。

その頃、日本は北進か、南進かで議論が分かれていた。参謀本部が北進を主張していたのに対し、実質的に秋丸機関を管轄《かんかつ》していた陸軍省軍務局が南進を主張していたので、その意向が反映される形で、南進論が提示されたと考えられる。

秋丸機関の関係者の本音は、「英米と戦っても勝ち目はない」というものだったことは確実である。それでも、今日でもよくあるように、組織の中では「絶対に失敗する」という意見は主張しにくく、「わずかな可能性があるとすれば」ということで、資源を消耗《しょうもう》するだけの北進に反対し、資源を獲得するための南進の意見を加えたのだろう。

ともあれ、秋丸機関が、「対米戦の無謀さ」だけを強調したわけではなく、その報告書はある意味では「何とでも解釈できる」ものである。

また、重要な点は、「長期戦になれば、英米には勝てない」という秋丸機関の指摘は、実は秘匿《ひとく》されるような情報ではなかったということである。

内閣直属の総力戦研究所や、他の陸軍組織からも同様の指摘が出されていたし、当時の論《ろん》壇誌《だんし》でも論じられていた。

ようするに、「長期戦になれば、英米に勝てない」との見方は広く知られており、当時の指導者層や知識人の間にも共有されていたことであった。

とすると、開戦決定にいたる問題点は、「情報の軽視」でも、「情報の隠蔽《いんぺい》」でもない。「長期戦になれば、勝てる見込みはほとんどない」という正しい情報は多数あった。それにもかかわらず、なぜ、極めてリスクの高い「開戦」が決定されたのか、ということである。

人間は損失を小さくすることを望む傾向がある

リスクの高い選択がなされたのはなぜか。それを読み解くヒントは、近年急速に発展している行動経済学にあると思われる。

例として、次の二つの選択肢《せんたくし》のうち一つを選ぶ問題を考える。

a　確実に三〇〇〇円支払わなければならない
b　八割の確率で四〇〇〇円支払わなければならないが、二割の確率で一円も支払わなく

てもよい

aは確実な三〇〇〇円の損失だが、bで想定される損失は、「四〇〇〇円×〇・八＋〇円×〇・二」で、三二〇〇円となり、aよりも大きい。

合理的に判断すれば、より損失の小さいaを選ぶところだが、実験をすると、高い確率でbが選択されることがわかっている（ある実験では九十二パーセントがbを選んだ）。

このような選択が行なわれる理由を簡単に言うと、人間は損失が発生する場合には、少しでもその損失を小さくすることを望む傾向がある。その結果、低い確率であっても、損失が〇円になるかもしれないbが選ばれやすくなる（プロスペクト理論）。

この理論を踏まえると、昭和十六年八月以降に提示された日本の進路は、aとbに近く、次のような選択肢となる。

A　アメリカの資産凍結・石油禁輸措置《そち》により、日本の国力は弱っていて、開戦しない場合、二～三年後には確実に「ジリ貧《ひん》」になり、戦わずして屈服する。

B　アメリカと戦えば非常に高い確率で敗北する（ドカ貧）。しかし、非常に低い確率ではあるが、もし独ソ戦が短期間でドイツの勝利におわり、さらに日本が東南アジアを占領して資源を獲得し、アメリカの戦争準備が整わないうちにイギリスが屈服すれば、アメリカも交戦意欲を無くし、日本は有利な講和をできるかもしれない。

こうした選択肢が出された時、当時の日本のもう一つの問題点が浮かび上がってくる。それは、強力なリーダーシップを取れる人物がいなかったということである。政府、陸軍、海軍が並び立ち、「船頭《せんどう》多くして船山《ふね》に登る」というような状況で意思決定をしていた。社会心理学では、そのような集団で意思決定をする場合の結論は、個人が意思決定を行なうよりも、より慎重になるか、あるいはよりリスクを冒《おか》す方向になるか、両極端になることが知られている。

極端な意見の方が、不明瞭《ふめいりょう》な意見よりも、集団の中で注目されやすいからである。日本もまさにそうした集団で意思決定する状況にあり、かつ、世論やマスコミも強硬論が主流となり、極端でリスクの多いB、すなわち「開戦」が選ばれたと考えられる。

「開戦」を選んだ人々が特別に愚かだったわけではない

では、日本はどうすれば戦争を回避できたのか。

このように追い詰められた状況に置かれた時は、視野が狭くならないようにして、選択肢を増やしていくことが必要だろう。

静岡県立大学教授の森山優《あつし》氏などは、開戦せずに、国際情勢が変わる時を待つ選択肢もあったのではないか、と指摘している。

例えば、秋丸機関はドイツの経済力の限界を指摘しているが、そこに着目すれば、やがてドイツが英米とソ連に敗北し、今度は英米とソ連が対立するという予測もできただろう。実際、当時のアメリカでもそのような見方もあったという。

つまり、待てば必ずジリ貧になると考えるのではなく、国際情勢が変化してアメリカの方から接近してくるまで待つ、といった「積極的な待ち」の選択肢もあったのではないだろうか。

そして経済学者も、「英米と戦えば負ける」とネガティブな情報の提供だけでなく、「開戦しなくてもこうすれば二～三年後でも国力を維持できる」という、ポジティブで具体的な提案をすることも必要だったかもしれない。

いずれにせよ、「開戦」を選んだ人々が、特別に愚かだったわけではない。彼らは当時のエリートであった。そんな彼らでも、リスクの高い選択をしてしまった。

ある意味で、現代の私たちも、どんなに注意したとしても、同じような失敗を犯す可能性がある。

日米開戦に至った経緯を振り返る時、特定の個人や組織の責任を問うだけではなく、「なぜそれが起きたのか」を冷静に分析し、今日に活かせる形で研究していくことが重要だと考えられる。

第三章 三国同盟は「ある時点」まで日米交渉を有利に導いた

井上寿一

幣原喜重郎は「軍部が悪い」と言わなかった

昭和二十年（一九四五）十月九日に誕生した幣原《しではら》喜《き》重郎《じゅうろう》内閣の下《もと》で、戦争調査会という国家プロジェクトが十一月にスタートした。

幣原は一九二〇年代、外務大臣として英米との関係を重視する協調外交を推進したが、戦時中は要職から離れ、政治の表舞台から去っていた。

しかし、戦争末期から支持者たちと会い、戦後は首相を目指そうと考えて、戦争が終わった直後に、「首相になって、何をするのか」を文書にまとめている。

その中で最も字数を費《つい》やして書いたのは、「戦争はなぜ起きたのかを検証したい」ということだった。つまり、幣原の政治的個性とイニシアチブによって、戦争調査会は立ち上げられたのである。

ただし、幣原の目指す「戦争の検証」は、個別具体的な戦争犯罪人を摘発《てきはつ》するのが目的ではなかった。彼が繰り返し口にしたのは、「戦争調査会は、裁判をするのではない」ということだった。

戦争調査会の最高意思決定機関と位置づけられた総会の第一回目は、昭和二十一年（一九四六）三月二十七日に開かれ、そこで幣原は三つの基本方針を示している。

一、戦争調査会は「永続的性質」を帯びている。
二、戦争犯罪者の調査は「別に司法機関とか或《あるい》は行政機関」が担当すべきである。
三、歴史の教訓を後世に遺《のこ》し、戦後日本は「平和的なる、幸福なる文化の高い新日本の建設」に邁進《まいしん》すべきである。

そして、第一回と第二回の総会を通して、「戦争原因の追究を目指す」「戦後の平和国家の建設に役立つものとする」「多種多様な手法を採用する」との三つの方向性を、幣原は明らかにした。

幣原というと、今でも〝軍部の犠牲者〟のイメージが強い。幣原は軍部から「軟弱《なんじゃく》外交」と批判され、また協調外交も満洲《まんしゅう》事変によって幕を閉じている。

それだけに、幣原が「悪いのは軍部だ」と言ってもおかしくはないのだが、四月四日に開かれた第二回総会で、次のように「自分たちも責任があった」といった趣旨の発言をしている。

協調外交が推進された一九二〇年代は、「平和とデモクラシーの時代」で、軍縮が進められた。その中で「軍人を蔑視《べっし》し、軍隊なんか要《い》らないとの風潮」が強まり、それが軍部の不《ふ》穏《おん》な情勢を生んだ。その反感が蓄積され、満洲事変を引き起こした。だから、政権に携わる当事者だった自分たちにも責任がある……。

あらゆる立場の人が、様々な意味で、戦争とは無関係ではなかった。誰が良い悪いではなく、戦争の原因をはっきりさせたい。幣原はそこに目を向けていたのだと、私は考えている。

南部仏印進駐をめぐる日米のギャップ

太平洋戦争というと、「満洲事変から日米開戦まで一直線に進んでいった」とイメージする方も多いだろう。

既に終わったことを後の時代から考えると、どうしてもひとつながりに見えてしまうものだが、政治・外交における実際の過程は、紆余《うよ》曲折《きょくせつ》を経ていた。

戦争調査会は、当事者が戦争の原因を追究したこともあって、「満洲事変が起きたから、日米戦争は避けがたくなった」と考えてはいない。「満洲事変、日中戦争、日米戦争には区切りがあり、それぞれの段階で戦争を回避する方法があった。しかし、それは実現しなかった。なぜ、実現しなかったのか」といった形で議論を進めている。

つまり、日米開戦に至る間にいくつもの「分岐点」があり、各局面における「分岐点」を検証しているところが、戦争調査会の一つの特徴なのである。

そうした戦争調査会の中で、私が新鮮だと感じたのは、昭和十六年（一九四一）六月の南《なん》部仏印《ぶふついん》進駐に関する議論だ。

調査会の中で、昭和十五年（一九四〇）から陸軍省整備局戦備課長をしていた岡田菊三郎《きくさぶろう》は、「アメリカの態度を硬くし、戦争が避けがたくなってきたと思わせたという点では、南部仏印進駐が非常に重大な転換点だった」と指摘している。

なぜ、アメリカが態度を硬化させたのか。南部仏印に日本軍の基地ができると、アメリカ領だったフィリピン、イギリス領だったシンガポールに、日本の爆撃機や戦闘機が直接、行けるようになり、それを脅威《きょうい》に感じたのだというのが、岡田の見解だ。

では、なぜ、日本はそんなことをしてしまったのか。これについては、当時の首相だった近衛文麿《このえふみまろ》が遺書の中で書いている。

それによると、昭和十六年六月二十二日に独ソ戦が始まり、当初はドイツの調子がいいように見えたので、「ここでソ連を叩《たた》くべきだ」と陸軍が主張していた。近衛はその陸軍をソ連と戦わせないために、南方に目を向けさせる目的で仏印進駐を決めたのだという。

仏印進駐の是非をめぐり、戦争調査会で議論になっていたように、南部仏印進駐を行なった日本側の意図と、米側の受け止め方のギャップが、日米開戦を不可避にしたという視点は、今日の研究状況からしても、新しいと思わせるところがある。

駐米大使・野村吉三郎の証言

もう一つ、新鮮に感じたことを挙げると、日米交渉に対する見方だ。

日米開戦に至った経緯については長らく、「松岡洋右《ようすけ》外相の日独伊三国同盟路線がなければ良かった」と指摘されてきた。

昭和十六年の段階では、戦争を回避する二つの方向があった。一つは野村吉三郎《きちさぶろう》駐米大使のワシントンにおける日米交渉、もう一つは松岡洋右外相の独自路線である。

松岡は「三国同盟＋日ソ中立条約」によって立場を強化した日本ならば、アメリカと一対一で交渉して戦争回避ができるだろうと考えていた。しかし結局、松岡の路線はうまくいかず、開戦へと至った。

これを踏まえて、「野村駐米大使の日米交渉路線をメインにしていれば、日米戦争は避けられた。松岡の三国同盟路線がなければ良かった」と言われてきたわけだ。

ところが戦争調査会において、野村自身が「三国同盟があったことによって、日米交渉は途中までうまくいった」と語っている。

野村によると、三国同盟の圧力を背景にしてアメリカ側に強く出ることができて、アメリカ側も譲歩の姿勢をみせた。ところが、独ソ戦でドイツが劣勢《れっせい》になり始める。すると今度はアメリカが強く出るようになり、日米交渉が挫折《ざせつ》したという。

「三国同盟はある時期まで、日米交渉を進める有利な材料だった」というのは、当時の状況を知るうえで、貴重な証言と言える。

現在の研究では、米国務長官ハルによる文書、ハル・ノートに記された「中国大陸からの日本軍撤兵《てっぺい》」との条件には、満洲国を含まない可能性があったと考えられており、日米戦争はギリギリまで回避可能だったという見方がある。

しかし、野村の証言を踏まえると、日本は「アメリカ側が外交ポジションを強くしている」と認識していたことがわかる。つまり、アメリカは、「劣勢に陥《おちい》っているドイツと同盟を組んだ日本は怖くない。日本が大きく譲歩しなければ、妥協する必要はない」と見ているだろうと。

当時の政策決定者がこのように受け止めていれば、日米の合意点は、容易には見出《みいだ》せなかったに違いない。

後世の我々は、論理的には「ハル・ノートが出ても、最後まで戦争回避の可能性は残っていた」と言うことができる。

しかし、実際の外交交渉を考えた場合、「野村駐米大使の日米交渉が挫折した段階で、戦争は不可避になった」という戦争調査会の議論は、説得力がある。

眠り続けた「戦争調査会」の資料

昭和二十一年四月十日の衆議院総選挙で、吉田茂《しげる》内閣が成立した。幣原は首相の座を降り、戦争調査会総裁は引き続き務めたが、それから半年も経たない九月三十日付で、戦争調査会は廃止される。

当時、ＧＨＱ（連合国軍最高司令官総司令部）への諮問《しもん》・勧告機関として、米英ソ中四カ国による対日理事会が東京に置かれていた。

この対日理事会で、ソ連代表が戦争調査会を問題視し始める。これにイギリス代表が同調する。四カ国の協調を優先させる議長のアメリカ代表は妥協して、戦争調査会を廃止に追い込んだのである。

一年弱の活動期間中に、五つの部会が四十一回の会議を開いた。しかし、その調査結果をまとめるまでには至らなかった。

当初の予定では、調査と議論の成果をまとめて、本にして出版すると、幣原は語っていた。時間の猶予《ゆうよ》があれば、報告書がまとまり、それが国民のあいだに共有された可能性はあっただろう。

そのとき、事実に基づいた多様な見方の材料が提供されたのではないだろうか。報告書の完成が実現しなかったことは、本当に残念なことである。

終戦直後から十年ぐらいは、「なぜ、あの戦争が起きたのか」という関心が国民の中にあった。

私が『戦争調査会』（講談社現代新書）を上梓《じょうし》したあと、経済部会のメンバーの一人で、名古屋大学理学部長だった柴田雄次《ゆうじ》の縁者の方から連絡があり、柴田の日記を提供していただいた。

それを読むと、柴田が大変な熱意を持って戦争調査会に出席していたことがわかる。情熱が日記からほとばしっている、といっても過言ではない。敗戦直後の日本人は、それほど「なぜ、あんな戦争を起こしたのか」との疑問の気持ちが強かったのだろう。

しかし、残された戦争調査会の速記録などの資料は、平成二十六年（二〇一四）まで、国立公文書館と国立国会図書館憲政資料室で眠り続けた（二〇一五—一六年に公刊）。

敗戦から約十年後の人々の「戦争が起きた理由を知りたい」という需要《じゅよう》にこたえたのは、岩波新書の『昭和史』の旧版だった。それには顔の見える人物は登場せず、「権力者対民衆」という話に終始し、マルクス主義歴史学そのものだと言える。

「権力者が悪い。民衆は虐《しいた》げられていた」「権力者が自分の立場を強化するために、民衆を犠牲にして、あの戦争をした」「資本主義は戦争を求める」「悪いのは資本家であり、軍人だ」と説明されると、「ああ、自分たちは犠牲者なんだ」と納得する人は少なくなかった。当時の時代状況からすると、それはやむを得なかっただろう。

付言《ふげん》すると、同盟国だったドイツ、イタリアでは、戦争調査会と同様の戦争の検証は行なわれなかった。ドイツの場合は基本的に、ヒトラーにすべての責任を被《かぶ》せるという発想だ。あるいはニュルンベルク裁判で責任を取ったとも言えるので、戦争調査会のようなものは必要と考えなかったのだろう。

イタリアの場合は、独裁者ムッソリーニを自分たちの手で始末して、責任を明確にしたとの立場だ。

それによって両国は、いち早く西ヨーロッパの仲間入りをし、歴史の和解を果たした。

このような両国に対し、丸山眞男《まさお》は「日本は無責任の体系で、責任を回避しようとした。ドイツは、ナチスの軍人たちも責任を取ろうとした」と指摘している（これについては、現在では「ナチスの軍人たちも自分だけは逃れようと、責任を回避していたではないか」という反論がなされている）。

他方で日本では戦争調査会のように、自分たちの手で、戦争の起きた原因を明らかにしようとする動きがあったこと自体は、評価されるべきだろう。

東京裁判とは違う形で、当時の日本人が「自分たちで戦争を検証しようとし、自分たちなりに責任を追究した」点に、戦争調査会の大きな意味があるのではないか。

極端なことを言えば、戦争調査会の自立的な戦争原因の追究の結果が戦後の日本国民に共有されたとすれば、歴史認識をめぐる対立も起きなかったのではないか、とさえ思う。戦争調査会の意義については、今後も省《かえり》みられるべきである。

第四章

日中戦争が日米戦争の原因ではなかった

渡辺惣樹

日米戦争は第二次世界大戦の一側面である

日米戦争は、第二次世界大戦の一側面であった。ヨーロッパの戦いから派生した局地戦であったと言い換えることもできる。

米国のフランクリン・デラノ・ルーズベルト大統領（以下、ルーズベルト）も英国のウィンストン・チャーチル首相も真の敵はナチスドイツであると考えていた。

戦後教育で育った世代は、日本の支那大陸への「侵略的」外交政策が、あの戦争の原因であると考える。仮に日本の満洲《まんしゅう》事変以降の外交が侵略の連続であるという解釈を是《ぜ》とするとしても（筆者はこのような解釈はしていない）、それは日米開戦の原因ではない。

英国がドイツの空爆（The Blitz）に苦しみ、米国にどれほど救援を求めてもルーズベルトは動けなかった。

米国にとって、英国は言葉を同じくするもっとも親しみのある国である。その国が敗北寸前まで追い込まれていた。それでもアメリカ世論は動かず、ルーズベルトは身動きが取れなかった。

世論の八十パーセント以上が頑《がん》として、ヨーロッパのごたごたに巻き込まれることを拒否し続けた。そのアメリカ国民が、中国のために自国の若者の命を犠牲にしても構わないと思うはずもない。

日米開戦と日中戦争は全く関係がない。それにもかかわらず、日中のごたごたが日米の戦いの原因であったかの如く語られるのは、戦後の日本国民にそのように思わせたい歴史家や外国勢力が存在するからだ。

日米開戦の真の原因はルーズベルトとチャーチルが、あくまでもナチスドイツとの戦いを望んだからである。

ナチスドイツは戦争を止める機会を探っていた

ルーズベルトがドイツとの戦いを望んでいたことはハーバート・フーバー元大統領[*1]、ハミルトン・フィッシュ下院議員[*2]など、彼と同時代を生きた政治家が既に多くを語っている。

ルーズベルトが、ワシントン議会の承認なく、ドイツ海軍（Uボート）への攻撃命令を発していたこと、国民に対してその事実を隠し、米艦船がUボートから一方的に攻撃を受けていると説明していたこと、あり得ないナチスドイツによる米本土攻撃の恐怖を煽《あお》ったこと、一方でアドルフ・ヒトラーはルーズベルトの挑発に乗るなと海軍に厳命していたことなどは、既によく知られている。

ルーズベルトにはヨーロッパで始まった戦いに仲介《ちゅうかい》に入る機会があった。ルーズベルトが、日本の近衛文麿《このえふみまろ》首相の首脳会談要請を拒《こば》んだことはよく知られているが、ナチスドイツも戦争初期の段階では戦争を止める機会を探っていたのである。ルーズベルトはそれを無視した。このことを正統派歴史家（釈明史観主義者）は書こうとしない。正統派歴史家には、ルーズベルトとチャーチルがスターリンと提携したことに疑問を抱かず、二人の外交（戦争指導）を絶対善とする特徴がある。

ルーズベルトは自ら遣った密使の報告を無視した

一九三九年九月初め、ルーズベルトはヨーロッパで戦端が開かれると、直《ただ》ちに国民に向けて次のように演説した。

「まずはじめにわが国民に訴えたいのは、世界のどこかで和平が乱されるようなことがあれば、世界のどの国もその安全が危機に晒《さら》されるということである」

「われわれがどれだけそうした危険から距離をおきたいと願ったとしても、世界各地から寄せられる言葉、世界の海に展開する船舶《せんぱく》からの、あるいは戦いの現場から伝えられる情報がわが国の将来に大きな影響を与えることを示している」*3

もしルーズベルトが、ヨーロッパの戦いに巻き込まれることを怖《おそ》れ、そうした事態を真に避けようとしていたのであれば、ドイツに宣戦布告した英仏と独の間に立って仲介に入る外交的オプションがあった。

アメリカの強大な国力を背景にした外交を展開すれば、少なくとも暫定《ざんてい》休戦協定を締結《ていけつ》させられる可能性があった。米国には戦争当事国に痛み分けを強制できる力があったのである。

実際、当時のルーズベルト支援者の中にも、彼がそのような外交を展開してくれるだろうと期待するものが少なくなかった。その一人がウィリアム・ローズ・デイヴィスであった。*4

デイヴィスは独立系石油王であり、ルーズベルトの有力支援者だった。ルーズベルトが再選を目指した選挙戦（一九三六年）では、三十万ドルを拠出《きょしゅつ》している。

彼は、民主党の有力支持団体であるアメリカ鉱山労働者連盟会長ジョン・L・ルイスの友人でもあり、ホワイトハウス幹部とは太い人脈があった。ドイツに顧客の多かったデイヴィスは、ヨーロッパの戦いを止めたかった。ルーズベルトも同じ思いだと考えた。

一九三九年九月十五日正午少し前、彼はホワイトハウスでルーズベルトと会っている。このことはルーズベルトの公式スケジュールの控えから確認ができる。[*5]

自身が密使となり、ドイツ指導者に休戦交渉に応じるよう説得したいと語り、ルーズベルトの了解を得た。コーデル・ハル国務長官、スティーブン・アーリー報道官、ジョン・ルイス会長も同席した。

ベルリンに入ったデイヴィスは、ヘルマン・ゲーリング元帥と複数回にわたる交渉に臨《のぞ》んだ。ルーズベルトに仲介の意思があると聞かされたゲーリングは驚いたようであったが、米国の仲介努力を感謝し次のように語った。

「貴殿《きでん》の言葉には驚かされた。ルーズベルト氏は我が国に対しては悪意を持ち、英仏への同情心が強いと思っていた。和平の維持についてはドイツは常にそれを望んできた。ただ対等の関係でなくてはならない。いまあなたが披瀝《ひれき》した考えは、ヒトラー総統及びわが政府のこれまでの主張に合致する。ワールドコンフェランス（世界規模の会議）を開くこと。それだけが、和平を再構築できる手段であろう。我が国は当然に、ルーズベルト氏がそのような会議を主宰《しゆさい》するのであれば歓迎である。会議の目的は、恒久《こうきゆう》的和平の構築である」

ゲーリングは、「世界会議はどこで開催されても構わない。ワシントンであっても自身が代表として参加する」とまで述べた。ナチス政権の講和（休戦）を望む態度を確認したデイヴィスは、直ちにワシントンに戻った。

しかしルーズベルトは、自身が遣《や》った密使であるにもかかわらず、彼と会おうとしなかった。理由は「会議中で忙しい」であった。

業《ごう》を煮《に》やしたデイヴィスは、ドイツが講和の意思を持っていることを手紙で伝えたが、ルーズベルトから返答はなかった。

（チャーチルから仲介への反発があった可能性も否定できないが）ルーズベルトにはナチスドイツと外交交渉するつもりは、はなからなかったと推論しても、間違いなかろう。その後、デイヴィスがホワイトハウスに招かれることはなかった。

ナチスドイツは開戦後、暫《しばら》くはその戦火を西側に広げなかった。一九三九年九月一日のポーランド侵攻から翌四〇年五月の間は、独と英仏との地上戦はほとんどない。この時期を欧米の歴史家は「Phony War（偽《いつわ》りの戦争）」と呼んでいる。

筆者は、ヒトラーが英仏とは戦いたくない姿勢を見せることで、暫定休戦協定に入る機会を窺《うかが》っていた時期ではないかと考えている。

イギリスの諜報機関が始めた対米世論工作

一方、英国首相チャーチルにも外交交渉によってドイツとの折り合いをつける考えが、どこにも見られない。外交的決着をあくまで拒否し、ドイツと戦い抜く姿勢を見せた。

ドイツが対ソ戦（一九四一年六月二十二日、バルバロッサ作戦）を開始しなければ、英国が対独戦に勝利する見込みは全くなかった。

それにもかかわらず、彼が一貫して対独強硬姿勢を貫いたのには訳がある。アメリカ世論を参戦に変えさせる、強烈な自信があったからである。

チャーチルは対独戦が始まると直ちに、ＭＩ６（英国秘密情報部）長官スチュワート・メンジースに対米世論工作を指示した。[*6]

長官の命を受けたウィリアム・スティーブンソンは、ニューヨーク・ロックフェラーセンターに陣取り、対米世論工作を開始した。

彼の作業をルーズベルトは黙認（積極的容認）し、FBI（エドガー・フーバー長官）にも協力させた。国内世論工作のために、政権自ら外国諜報《ちょうほう》機関を助けたのである。

ルーズベルトのスピーチライターだったロバート・シャーウッドは、この事実が露見《ろけん》したら、大統領は弾劾《だんがい》されると危ぶんだほどである。

スティーブンソンの構築した組織は、英国安全保障コーディネーション（BSC）と呼ばれ、最盛期には二千人を超える大組織となった。

BSCは、ヨーロッパ大陸不干渉《ふかんしょう》を主張するジャーナリストや評論家をターゲットにし、彼らから意見発表の場を次々に奪っていった。

雑誌や新聞の広告主（兵器産業を中心とした戦争利益者）を利用した工作だった。反ナチス感情を煽る偽情報を流し、ハリウッドには英国への同情心を掻《か》き立てる映画を制作させもした。

しかし米国世論は頑として、ヨーロッパのごたごたに巻き込まれることを拒否し続けた。

チャーチルの世論工作への自信は、第一次世界大戦時の成功体験から生まれていたが、米国国民は賢明になっていたのである。

ヒトラーは副総統ヘスをイギリスに送り込んだが……

ヒトラーが英仏と戦いたくなかったことは間違いない。そもそもドイツに宣戦布告したのは英仏であった。

ヒトラーは生存圏を求めて東方（ウクライナ方面）に向かうと訴えていた。彼の著作『我が闘争』でも、その意志は明確にされていた。東方に向いたドイツの顔を、対独宣戦布告によって無理やり西方に振り向かせたのは、英仏であった。

バルバロッサ作戦の少し前の時期（一九四一年五月から六月）には、英国の敗北は濃厚であり、ドイツとの和解を探ることの是非が、英国内では真剣に議論された。

既に中立の立場をかなぐり捨てて対英軍事支援を強化していたルーズベルト政権内部からも、軍事支援を中止すべきだとする声が高まっていた。歴史家のリン・オルソンは次のように書いている。

「ワシントンでは、『英国の敗北は確実である。米国の英国支援物資は結局はドイツに渡ることになり、それが対米戦に使われるのではないか』と考えるものが増えた。特に軍部にはそうした意見が強かった」[*7]

こうした状況の中にあってヒトラーは、対英戦争の休戦を求めて最後の賭《か》けを打った。勝勢にある時期だからこそできる博打《ばくち》であった。

一九四一年五月十日、アウクスブルクの町（ミュンヘン北西およそ七十キロメートル）は晴れ上がり、絶好の飛行日和《びより》であった。

この日の夕刻（五時四十五分）、一機の双発機《そうはつき》（メッサーシュミットBf110）が、北に機首を向けてこの町を飛び立った。操縦するのは、ナチスドイツのナンバーツーであるルドルフ・ヘス（ナチス副総統）だった。

ヘスは、ミュンヘン一揆《いっき》（一九二三年）の失敗でヒトラーとともに収監《しゅうかん》されて以来、苦難をともにした同志であった。

北海を北上した同機は北緯五五度四〇分付近に達すると、進路を西に取りスコットランドの町グラスゴーを目指した。[*8]

ヘスがグラスゴーの南およそ十五キロメートルの農村イーグルシャムにパラシュート降下したのは、その日の夜十一時を少し回った時のことである。ヘスが如何《いか》にして英国のレーダー網を掻《か》い潜《くぐ》ったのかは、謎である。

ヘスがスコットランドを目指したのには理由があった。何とかしてハミルトン公（英国空軍准将《じゅんしょう》、スコットランド防空担当）に会い、彼を通じて英国王ジョージ六世との謁見《えっけん》を実現させたかったのである。国王を説得し、頑迷《がんめい》なチャーチルの対独外交を変更させ、暫定休戦に持ち込みたかった。

ヘスは、着地の際に足を挫《くじ》き身動きが取れなくなっているところを、イーグルシャムに住む農夫に発見された。知らせを受けたハミルトン公は、メリーヒル仮設病院に運ばれていたヘスに会った（翌朝十時）。公《こう》の報告書には次のように書かれている。

「彼は、『（ヒトラー）総統は英国を敗北させようとは考えておらず、戦いを止めたいと願っている。今回の飛行は四度目であり、以前の試みは悪天候で失敗した』と語った」*9

ハミルトン公は対独宥和《ゆうわ》派の有力者であり、国王にも近い立場だった。

ヘスは公にヒトラーの思いを伝えることはできたが、そこまでであった。国王に会うことは叶《かな》わなかった。グラスゴー郊外の古城（ブキャナンキャッスル）に幽閉《ゆうへい》され、その後ウェールズの病院（Maindiff Court Hospital）に移送された。

チャーチルは、ヘスを厳重な監視下に置いただけで、けっして会おうとしなかった。英国存亡の危機にあって、ナチスドイツのナンバーツーが自身の生命をも顧《かえり》みない決死行で、スコットランドにパラシュート降下したのである。

筆者にはなぜチャーチルがヘスに会おうとしなかったのか、理解できない。リアリストの政治家であったなら少なくとも直接ヘスの話を聞き、ドイツの真意を探ろうとしたはずである。

この時期には既に、ドイツの対ソ戦開始が確実であるとの情報が入っていた。そうであったとしても、独ソ戦の帰趨《きすう》が判明するのはまだ先である。ヘスと会わない理由にはならない。[*10]

正統派の語る歴史では、ゲーリングが講和交渉に前向きであったこと（デイヴィス密使交渉）も、ヘスの決死行も語られない。

ドイツが講和を願っていたことを書いてしまうと、ルーズベルトとチャーチルの戦争指導が誤っていたのではないか、との疑念を湧《わ》かせることになる。

「ナチスドイツとの外交的折り合いをつける交渉ができていれば、ホロコーストも避けられたのではなかったか」「冷戦もなかったのではないか」。

本稿で扱った二つのエピソードは、こうした思いを抱かせる。だからこそ正統派歴史家はこの事件をスルーする。ドイツは「問答無用の極悪国」というストーリーが翳《かげ》ってしまうからである。

あの戦争は、二人の特異な政治家（ルーズベルトとチャーチル）が作った戦争である。「二人の怪物（ヒトラーとスターリン）の戦いは不可避である。両者が死闘を続け、国力を浪費した時点で仲介に入るべきだ」と考えていたハーバート・フーバー元大統領の見立て（フーバー著『裏切られた自由』）には、合理性がある。

独ソの戦いは激しいものになっただろうが、局地戦に終始していた蓋然《がいぜん》性は十分にあった。そうなっていれば世界大戦にもならず、日米戦争など起きるはずもなかったのである。

チャーチルの対米世論工作の失敗と、二人の戦争指導者の対独講和意思の欠如《けつじょ》は、あの戦争のダイナミズムを構成する重要なファクターである。

ルーズベルトは一九四一年に入ると、苛《いじ》めにも似た対日強硬外交を本格化させたが、それは日本を対米開戦させ、それを口実にアメリカが対独戦に、参戦しようという思惑のためであり、あくまで英米両国の対独外交の一側面であった。この視点（合理的推論）こそが、あの戦争とは何だったのかを解く鍵《かぎ》なのである。

＊1：ハーバート・フーバー『裏切られた自由』草思社、二〇一七年
＊2：ハミルトン・フィッシュ『ルーズベルトの開戦責任』草思社文庫、二〇一七年
＊3：チャールズ・カラン・タンシル『裏口からの参戦（下巻）』草思社、二〇一八年、三六一ページ
＊4：デイヴィスの交渉の詳細は『裏口からの参戦（下巻）』第二四章「干渉を続けるルーズベルト」の第二節「打ち切られたヒトラーとの交渉」に依《よ》った。
＊5：http://www.fdrlibrary.marist.edu/daybyday/daylog/september-15th-1939/
＊6：チャーチルの対米世論工作については拙論考「ルーズベルトの『本当の敵』アメリカ第一主義委員会　ゲッペルスも絶賛する英国の対米プロパガンダ」（月刊誌『ＷｉＬＬ』二〇一八年十一月号所収）に詳述した。
＊7：Lynne Olson, Those Angry Days, Random House, 2013, p129

＊8：ヘスの取った空路は下記に詳しい。Peter Padfield, Hess, Hitler & Churchill, Icon Books, 2013, p165

＊9：同右（一八五ページ）

＊10：チャーチルはヘスに極秘裏に会っていたという情報（噂）もある。

第五章

戦艦大和は「時代遅れ」でも「無用の長物」でもない

戸高一成

なぜ、巨大戦艦が必要とされたのか

戦艦大和《やまと》ほど、日本人が心を寄せる艦《ふね》はありません。それは今日に至るまで、史上最大の戦艦であるのはもちろんのこと、日本そのものを想起させる「大和」という名を持つからに他ならないでしょう。もちろん本来は、奈良の旧国名・大和を意味しますが、この戦艦が「大和」と名付けられたのはあまりにも象徴的でした。

先の大戦中、大和のことは一般の国民には知らされることなく、戦後間もない昭和二十年（一九四五）秋になってから、その存在がようやく公《おおやけ》にされました。「アメリカすら造りえないような戦艦を持っていた」という驚くべき事実、そして悲劇的な最期《さいご》もあいまって、日本人の記憶に深く刻まれる戦艦となったのです。

もっとも、その実力を発揮する機会に恵まれなかったがために、大和はややもすると「無用の長物」と見なされてきました。しかしそれは、後世の「後知恵」に過ぎません。しかもその後知恵は、実はあまりにも一面的で「的を射ていない」と言わざるを得ないものなのです。

大和の建造計画が立てられたのは、昭和九年（一九三四）のことでした。前年に国際連盟を脱退した日本は、ワシントン及びロンドン海軍軍縮条約が昭和十一年（一九三六）に失効することを見越し、万が一、アメリカと開戦した際、いかに戦うべきかを検討し始めます。

従来から、日本の対米戦略は「ハワイから来たアメリカ艦隊と艦隊決戦する」というものでした。これは、日露戦争における「日本海海戦」を再現することを狙《ねら》ったものです。想定戦場は小笠原《おがさわら》諸島沖とされてきましたが、第一次大戦後にマーシャル諸島が日本の委任《いにん》統治領となると、その周辺が想定戦場と見なされるようになります。そして海軍は、航空攻撃などでアメリカ艦隊に徐々《じょじょ》にダメージを与えた後で艦隊決戦を行なう「漸減《ぜんげん》作戦」を基本としました。

しかし艦隊決戦を行なうにあたり、日本海軍を苦悩《くのう》させたのが、戦艦群の旧式化でした。海軍軍縮条約で戦艦の新造が制限されていたため、海軍には陸奥《むつ》・長門《ながと》以前に建造された旧式艦も含め、十隻《せき》の戦艦しかありません（アメリカは十五隻）。大和の前に長らく連合艦隊旗《き》艦《かん》を務めた長門ですら、大正九年（一九二〇）に竣工《しゅんこう》したものであり、海軍はアメリカ艦隊に対抗しうる新時代の戦艦を建造する必要に迫られていたのです。

また、軍縮条約が失効して戦艦の建造制約がなくなると、日本海軍には大きな問題が立ちはだかります。それは財政も資源も、アメリカに圧倒的に劣《おと》るという、如何《いかん》ともし難《がた》い事実でした。短期間で国を挙げての建艦競争になれば、日本が不利であるのは自明です（実際、アメリカは条約失効後、日本の二隻に対し、十隻もの戦艦を新造しています）。

戦艦の旧式化、太刀打《たちう》ちできない財政と資源……。この難局を打破する術《すべ》として海軍が思い至ったのが「個艦優越」、つまり敵を圧倒的に上回る力を備えた主力艦を持ち、それを中心に据《す》えた艦隊によって、アメリカ艦隊に勝利することでした。

そうした発想から生まれたのが、「世界最大の四十六センチ砲を積んだ、世界一の戦艦」、すなわち大和の構想だったのです。

大和はまさしく、世界最強と称すべき性能を有していました。主砲の四十六センチ三連装《れんそう》砲《ほう》は、三万メートルの距離で厚さ四十センチの甲鈑《こうはん》を貫《つらぬ》き、船体のバイタルパート（重要防《ぼう》御《ぎょ》区画）の装甲《そうこう》は四十六センチ砲の命中に耐えることを前提とされました。

当時、世界の戦艦の主砲は最大で四十センチで、大和より短い射程距離です。また四十六センチ砲弾の直撃に耐えうる装甲を持つ艦も存在しません。大和の全長は二百六十三メートルで、基準排水量は六万四千トン。大和に次ぐ大きさのアメリカのアイオワ級戦艦でさえ四万五千五百トンであり、大和は他の戦艦を遥《はる》かに凌《しの》いでいました。つまり大和は、攻撃面、防御面、どれをとっても最強である、空前絶後の巨大戦艦だったのです。

この大和の性能は、練りに練られたものでした。太平洋と大西洋に艦隊を展開するアメリカは、戦艦を設計する際、両大洋を結ぶパナマ運河を通航できるサイズにしなければなりません。その制約上、アメリカの戦艦は、最大でも四十・六センチ砲しか搭載《とうさい》できないと推定されたのです。

日本人は闇雲《やみくも》に、大和に巨大さを求めたのではありません。相手の国情をも見据《みす》えた上で、持たざる国がいかにして大国に勝利するかという難題に対し、精魂《せいこん》をかけて生み出した「希望」、それが大和だったのです。

航空優位が明らかになっても、アメリカは戦艦を建造した

昭和十二年（一九三七）十一月、大和は呉《くれ》海軍工廠《こうしょう》において極秘裏に起工《きこう》され、真珠湾《しんじゅわん》攻撃の八日後、昭和十六年（一九四一）十二月十六日に竣工します。竣工が真珠湾攻撃の直後であることからも明らかなように、大和という最強戦艦を持つことが、日本の開戦時期の決定に影響を与えたと、技術少佐であった福井静夫《ふくいしずお》氏は語っていました。

しかし開戦直後の日本の快進撃は、大和に皮肉な事実を突きつけます。真珠湾攻撃において、日本は空母を集中運用する「機動《きどう》部隊」を世界で初めて用い、航空攻撃をもって、碇泊《ていはく》中の米太平洋艦隊に壊滅《かいめつ》的打撃を与えました。これによって、戦艦は航空機の攻撃によって撃沈《げきちん》されうることが明らかとなります。

さらに二日後、十二月十日のマレー沖海戦では、陸上攻撃機隊がイギリスの誇る新鋭《しんえい》戦艦プリンス・オブ・ウェールズを撃沈。作戦行動中の戦艦ですら、航空機の攻撃で沈められることが証明されるのです。従来、日本海軍内では「戦艦と航空機のどちらが優位か」という議論がありましたが、この二つの作戦によって、航空機の優位が決定的となりました。

しかし、これをもって、大和を「時代遅れの象徴」と見なすのは、全くの見当違いです。というのも、日本海軍を「時代遅れ」というのならば、他の列強諸国は「輪をかけて時代遅れだった」と言わざるを得なくなるからです。

見落とされがちですが、大艦巨砲を求めたのは実は日本だけでなく、アメリカ、イギリス、フランス、ドイツといった列強も、海軍軍縮条約の失効を睨《にら》んで、大和と同時期に新鋭戦艦の建造に着手していました。

一例を挙げれば、アメリカではノースカロライナ級が一九四一年四月に、イギリスではキング・ジョージ五世級が一九四〇年十二月に、フランスではリシュリュー級が一九四〇年六月に、ドイツではビスマルク級が一九四〇年八月に竣工しています。

米英仏独が軍縮条約失効後に建造した新鋭艦は、それぞれ十、五、二、二隻。しかも列強は、航空優位が明らかとなった後でも戦艦の新造をやめず、アメリカは大戦中に八隻、イギリスとフランスに至っては、大戦終結後の一九四六年と一九四九年に、自国にとって最後となる戦艦を竣工させているのです。

大和が建造されたのは、まさに諸国が国家の存亡《そんぼう》を賭《か》けて、新鋭戦艦の性能を競い合っていた時代でした。しかも他国の戦艦は、主砲が三十五・六〜四十・六センチ、基準排水量は三万五千〜四万二千九百トン。それと比べると、大和がいかに隔絶《かくぜつ》した戦艦か、お分かりいただけるはずです。大和を「時代遅れ」と言い募《つの》るのは、あまりに視野の狭い見方とさえ言えるのかもしれません。

なお、アメリカ人は大和に対して、戦艦アイオワの性能を比較したがります。確かに速力やレーダーと連動した射撃指揮装置など、アイオワにはいくつかの優れた点があるのは事実です。しかしアイオワの竣工は、大和より二年も後の一九四三年のこと。その比較は後出しジャンケンのようなもので、本来は同時期のノースカロライナと比べるべきです。アイオワを持ち出すあたりに、日本に世界一の戦艦を造られてしまったことへの米国人の「複雑な思い」を感じるのは私だけでしょうか。

問題のほとんどは「運用」の失敗にある

それでもなお、日本海軍を「航空主兵の到来を見抜けなかった」と批判する向きがあるかもしれません。しかし、見過ごしてはならないのは、大和の計画が始まった昭和九年の時点では、第一線で活躍する航空機ですら、複葉機《ふくよう》だったという事実です。当時は、航空機が主兵力になると考える人は少なく、戦艦が航空機と戦うことも、まず想定されていませんでした。

そうした時代背景を抜きに、「大和は時代遅れ、航空攻撃に弱い」と批判しても、時代の異なるもの同士を比較するようなものです。「日本刀では、チタン板を斬れない」と指弾《しだん》するのと同じで、全く意味をなしません。

さらに言うならば、戦艦単艦の性能だけを見て、実際の戦争において有用か否《いな》かを判断するのは、大きな間違いです。海軍の戦いは、あくまで「艦隊」と「艦隊」の激突です。その国の海軍の実力を推《お》し量る場合、「艦隊」というセットで捉えなければなりません。

そう考えた場合、開戦時の日本海軍の艦隊は、戦艦や空母、補助艦艇《かんてい》のバランス、性能、練度というあらゆる面において、世界で最も先進的で、かつ最優秀と評すべきものでした。日本海軍は決して、「時代遅れ」ではなかったのです。

ただ惜《お》しむらくは、世界で初めて機動部隊を構想し、「航空主兵」を実践《じっせん》してのけた日本海軍自身が、その成功ゆえに、戦艦の使い道を見失ってしまった点でしょう。マレー沖海戦に続くインド洋作戦でも機動部隊が大戦果を挙げたことで、戦艦部隊は発言力を失い、大和は持て余されるようになってしまいました。ここには、「零点か、百点か」という両極端に走る日本人の悪い面が現われています。

対するアメリカは、航空主兵の時代が到来したことで、戦艦の別の運用方法を模索《もさく》していきます。そして、日本の戦艦金剛《こんごう》などがガダルカナル島に艦砲《かんぽう》射撃したのに注目し、上陸作戦における上陸前支援砲撃など、対地上砲撃に活用していくのです。戦艦は大体、大口径砲《だいこうけいほう》の砲弾を千発くらい搭載していますが、それは一トン爆弾を積んだ航空機が千機あるに等しく、凄《すさ》まじい破壊力でした。

実現こそしなかったものの、山本五十六《いそろく》が「大和でガダルカナル島に向かう」と語った話はとみに知られています。仮に人和がガダルカナル島に艦砲射撃をしていれば、その主砲が絶大な威力を発揮《はっき》し、戦局に大きな影響を及ぼしたことは間違いないでしょう。

つまるところ、大和に関する問題は、そのほとんどが、「運用」の失敗にありました。要するに、大和という「名刀」を使いこなせるだけの力がなかったということに尽きるのです。有効な運用については別項に譲りますが、大和には、まだまだ十二分に、用途があったことは忘れてはならないでしょう。

そうした大和の問題は、様々な示唆《しさ》を与えてくれます。我々日本人は、そろそろ「大和は時代遅れの無用の長物」と見なすことでお茶を濁《にご》すのをやめ、むしろ「せっかくの名刀を使いこなす腕がなかった」ことこそを反省すべきでしょう。昨今の日本企業の苦戦や原発事故の対応などを見るにつけ、今なお、「運用」の問題こそが、日本の最大の弱点だと思えてなりません。我々が大和という「大いなる歴史の教訓」に学ぶべきは、まさにこの点なのです。

（談）

第六章

ここで戦艦大和を投入すれば戦局は違った

平間洋一

ミッドウェー海戦とガダルカナル攻略戦における「歴史のＩＦ」

われわれは昭和、平成を経て現在、令和という時代を迎えている。時代の節目とともに歴史に関する記憶が薄れ、先の戦争をめぐって「日本が愚かな戦いを行なった」という認識しか残らないとすれば、日本人にとって大いなる不幸である。新たな時代の到来にあたり、いまこそ「太平洋戦争の新常識」を探るべきであろう。

戦後の日本では、大和《やまと》をして「万里《ばんり》の長城《ちょうじょう》、ピラミッドと並ぶ、三大馬鹿」とまで評する声がある。まさに何をかいわんや。確かに、大和はその実力を発揮する機会を与えられなかったが、それだけを理由に「無用の長物」と批判するのは見当違いも甚《はなは》だしい。それはスポーツにおいて、出場機会を与えられなかった名選手を、「無能」と断じるようなものだ。

実際の戦闘において、最強戦艦の大和が投入されていれば、戦局を大きく変えたことは疑いようがない。つまり、大和の問題は全て、いかに用いるかという「運用」に尽《つ》きるのだ。

では日本海軍は、大和をいかに活かすべきだったのか。「歴史にＩＦ《イフ》は禁物」というが、大和の場合、特に実現性の高いケースが多く、それらについて考察することは、現在に通じる様々な示唆《しさ》を与えてくれるに違いない。

実際の戦闘を取り上げるならば、まず、大和の初陣《ういじん》となった昭和十七年（一九四二）六月のミッドウェー海戦である。日米戦争の転換点となったこの海戦で、日本は虎の子の空母四隻を失うという大敗を喫《きっ》し、以後、劣勢《れっせい》に立たされる。この時、大和を軸とする主力部隊は、空母機動部隊の五百キロメートルも後方にあり、ついに戦闘に加わることはなかった。

これは、機動部隊が敵艦隊に一撃を加えた後に戦艦部隊で止《とど》めを刺《さ》すという、旧来の艦隊決戦思想に則《のっと》った戦闘序列を重んずるがゆえの配置であった。しかしながら、やはり大和は機動部隊とともに行動させるべきだった。そうすることで、ミッドウェーの最大の敗因である「索敵《さくてき》の不備《ふび》」を防ぐことができたからである。

主砲の攻撃力が注目される大和だが、実は、通信設備も極めて充実していた。事実、ミッドウェーの作戦行動中、大和は「多数の敵航空機が行動中」との軍令部特信班《とくしんはん》からの情報を受信し、アメリカ空母の一部が、ミッドウェー付近で待ち伏せしている可能性のあることを摑《つか》んでいる（大和の敵信班《てきしんはん》が、敵空母らしき符号《ふごう》を傍受《ぼうじゅ》したとも）。だが肝心の機動部隊は情報を受信できず、また無線封止《むせんふうし》中のため、大和から機動部隊に通報されることもなかった。もし大和が機動部隊と行動をともにしていれば、戦局を左右するその情報を、発光信号などで伝えることもできた。となれば索敵に全力をあげることになり、史実のように敵空母部隊の発見が遅れ、兵装《へいそう》転換の間に攻撃されて、空母四隻を失うことなどなかっただろう。

大和の同行には、もうひとつ大きな利点がある。敵攻撃隊が機動部隊を襲った際、大和が「盾《たて》」となったはずなのだ。たとえば低空から魚雷を放つ敵雷撃《らいげき》隊に対しては、空母の手前に大和がいて弾幕《だんまく》を張れば、攻撃を阻止できる。一方、直掩《ちょくえん》の零戦《れいせん》隊は急降下爆撃隊の迎撃に専念すればよい。つまり、大和の存在によって、敵攻撃隊への対処は極めて効率的になるのだ。

また、よしんば互角の戦いとなり、日本の空母が米空母と相撃ちになって損傷しようとも、大和が追撃戦を敢行《かんこう》していれば、日本の航空隊が損傷を与えた米空母に止めを刺し、残《ざん》敵掃討《てきそうとう》をすることも可能だっただろう。いずれにせよ、当時の日本海軍の練度は米軍を凌《しの》いでおり、大和が機動部隊とともにあればまず負けることはなかった。

ミッドウェー海戦に敗れた後、日本は反攻に転じたアメリカと、ソロモン諸島のガダルカナル島を巡《めぐ》って死闘を演じた。昭和十七年八月から翌十八年二月までの半年間のこの戦いにおいて、日本は圧倒的物量を誇るアメリカに消耗《しようもう》戦を強《し》いられた挙句《あげく》、撤退を余儀《よぎ》なくされる。

この間、大和はトラック島に進出していながら、ガダルカナルの戦いに投入されることなく、「大和ホテル」と揶揄《やゆ》されるほど無為《むい》に碇泊《ていはく》する日々を送っていた。もし、大和が初期のヘンダーソン基地砲撃から戦闘に加わっていれば、戦局は大きく変わっていただろう。

昭和十七年十月、陸軍はガダルカナルへの高速補給船派遣《はけん》を決定。海軍はそれを支援すべく、アメリカの航空攻撃を封じるために戦艦金剛《こんごう》と榛名《はるな》を派遣し、米航空隊の拠点・ヘンダーソン基地に夜間艦砲射撃をさせた。この砲撃は凄《すさ》まじく、日本陸軍が「野砲千門に匹敵《ひつてき》する」と賞賛したほどだった。しかし米航空隊は一部残存しており、金剛と榛名が引き揚《あ》げた後、補給船団は米軍の反復攻撃を受けて、壊滅《かいめつ》してしまうのである。

もし四十六センチ砲を誇る大和が初期からこの砲撃に加わり、たびたび艦砲射撃を加えていれば、米軍は反撃できず、陸軍のヘンダーソン基地制圧作戦も進展していた。もちろん敵航空隊に大打撃を与え、ラバウルからガダルカナルへの長距離飛行を強いられていた日本海軍航空隊の負担《ふたん》も、軽減できただろう。

実際のガダルカナル争奪戦において、日本海軍は二千七十六機の航空機を損失し、日米開戦初期に世界最高の練度を誇った搭乗員《とうじょういん》の多くを失ってしまった。その後の戦局をみても、ガダルカナルにおける熟練搭乗員の損失は痛恨《つうこん》の極《きわ》みだが、大和を活用していれば、それを防ぐことができた可能性が高い。ミッドウェーでもガダルカナルでも、大和が航空兵力を大いに助ける――そうなっていれば、「航空優勢の時代の無用の長物」などと貶《おとし》められることもなかったはずだ。

もちろん、大和は実際の海戦でも実力を発揮しただろう。昭和十七年十一月の第三次ソロモン海戦において、アメリカは最新鋭戦艦サウスダコタとワシントンを惜《お》しげもなく投入。対する日本海軍は旧式戦艦比叡《ひえい》と霧島《きりしま》で迎え撃つが、両艦とも失われてしまう。しかし大和が出撃していれば、少なくとも両米戦艦にひけは取らず、絶対に負けはしない。アメリカはレーダー射撃を導入していたというが、まだ実用化されたばかりであり、そうそう大和がやられることはなかっただろう。

大和の戦略的活用法とは？

以上、実際の戦闘に即して、大和をいかに用いるべきだったかという、いわば「戦術的」運用について語ってきた。だが大和は、日米戦争の帰趨《きすう》自体を変えてしまうような、「戦略」を左右するほどの力を持った艦でもあったことを、我々は忘れてはなるまい。次に戦略的な活用法を検証してみよう。

まず、第一の戦略的活用ポイントは、「抑止力《よくしりょく》」である。日米開戦前夜の当時から、大和型戦艦の存在を公表し、日米交渉に活用すべきという主張はあった。戦艦の本質は「抑止力の象徴」であり、確かにこの意見は一理ある。

そもそも米海軍は、日米開戦一カ月前の昭和十六年（一九四一）十一月一日には、ハル国務長官を中心とする対日強硬《きょうこう》派に、可能な限り対日戦争の勃発《ぼっぱつ》を遅らせるよう申し入れていた。さらに十一月五日、ルーズベルト大統領に、「対日戦争を企図《きと》してはならぬ」と開戦に反対している。要するに、「日本海軍には勝てない」と言っていたのである。

それというのも当時、米海軍はイギリスへの支援に手一杯《ていっぱい》であり、また多数の艦艇《かんてい》を一気に建造したために熟練乗組員を方々《ほうぼう》に転出させねばならず、太平洋艦隊の練度が著《いちじる》しく低下していた。米海軍は、これでは日本海軍に勝つのは不可能と考えていたのである。

このような状況において、大和の存在が公表されていたならば、少なくとも米海軍の意向を汲《く》んで、ハル・ノートのような最後通牒《つうちょう》を突きつけることは延期されただろう。大和に対抗できる戦艦を造るためには、莫大《ばくだい》な時間を要する。実は大和建造ではその施設建設に時間がかかっており、アメリカも同様に時間を取られたであろうことは間違いない。

そうなれば、日本には多くの選択肢が生まれていたはずだ。第二次大戦の転機であるドイツ軍のモスクワ攻略失敗は、まさに真珠湾《しんじゅわん》攻撃と同時期に起きている。もし日米開戦が遅れていれば、日本はその結果を踏まえて、ドイツとの同盟破棄《はき》など、さらに取りうるべき手立てを考えることができたかもしれない。

しかし、それでも日米戦争が起きた場合、大和はいかに用いるべきだっただろうか。第二の戦略的活用ポイントとして、私は真珠湾攻撃をせず、当初の対米戦略どおり、艦隊決戦をすべきだったと考える。

日本が真珠湾攻撃をしていなければ、アメリカも当初の対日戦略に基づき、マーシャル諸島沖を襲撃しようとしたはずだ。アメリカ人の気質を考えても、米海軍は守りに徹するのではなく、全力で艦隊決戦を挑んできたであろう。だが、そのためにはやはり準備の日数を要する。一方、日本は大和を十二月十六日に竣工《しゅんこう》させており、その時期には出撃可能だった。となれば、大和は「日米艦隊決戦」に充分に間に合う。そもそも日本は、大和の完成を待って宣戦布告してもよかった。

その場合、決戦の帰趨はどうなっただろうか。当時の日米の航空戦力比は、太平洋正面では空母では十対三、航空機では二対一と日本の優勢であった。しかも米太平洋艦隊のキンメル長官は戦艦第一主義者で、航空機搭乗員を「Ｆｌｙ　Ｂｏｙ」（蝿《はえ》少年）と軽視しており、日本の航空部隊に対する備えは甘いと見ていい。また戦艦の砲撃においては、アメリカの決戦距離は約二万メートルで、命中率は三パーセント。対する日本海軍の砲撃の腕前は世界一で、命中率は少なくともその三倍はあった。

そうした前提を踏まえれば、艦隊決戦が生じれば、日本海軍が勝利したことは疑いようが無い。米海軍はダメージコントロールに優れているので、壊滅《かいめつ》こそ難しいだろうが、おそらく艦隊に六～七割の損害を与えることはできたに違いない。そうすれば、アメリカはしばらく反撃できず、戦争は長期化しただろう。アメリカ国民の厭戦《えんせん》気分はいやが上にも増し、その後の戦争の推移は、大いに日本有利になったと考えることができる。

インド洋作戦に投入していれば戦局は変わった

大和の有効な戦略的活用ポイントは、もうひとつ挙げられる。それは、インド洋への投入である。真珠湾攻撃の成功後、日本海軍は昭和十七年四月に、南雲《なぐも》機動部隊をインド洋に派遣し、セイロン沖海戦でイギリス東洋艦隊を痛撃した。この作戦終了後、日本海軍は大和以下の水上部隊主力をインド洋に投入し、通商破壊作戦に従事させるべきであった。

連合国、とりわけイギリスにとって、インド洋はアジア、アフリカとヨーロッパを結ぶ交通の要衝《ようしょう》で、戦争遂行上、欠くことのできない補給の動脈だった。イギリス本国はオーストラリアからインド洋を経て食糧を、アフリカのイギリス軍は地中海をドイツに押さえられたために、インド洋を通じて軍需《ぐんじゅ》物資を得ていた。インド洋はまさにイギリスの命綱であり、それを断ち切ることができれば、イギリスを窮地《きゅうち》に陥《おとしい》れ、第二次大戦の帰趨も大きく変わったに違いない。

しかもこの通商破壊作戦は、極めて成功する可能性が高かった。当時の英海軍は、マレー沖海戦とセイロン沖海戦に敗れ、アフリカへの後退を余儀なくされていた。さらに、英海軍は独海軍に対抗するために、本国や地中海のマルタ島にも戦力を割《さ》かねばならず、インド洋に艦艇を派遣する余力《よりょく》はない。

このような状況で大和と護衛用の小型空母を派遣していれば、インド洋の制海権はまず確保できたであろう。その時、大きな影響が生じるのは北アフリカ戦線である。昭和十七年五月から、ドイツのロンメル将軍が北アフリカで快進撃を始めていた。この時、大和を中心とする日本海軍がインド洋を制していれば、アフリカのイギリス軍はロンメルの進軍を阻止できなくなる。やがて、ロンメルはスエズ運河を占領し、中東の石油を確保。さらに、スエズ運河を通じて、日独の中東での連絡も達成され、日本にも中東の石油が送られることになっただろう。

こうした日独の優勢が続けば、インドとアラブ諸国に与える影響は計り知れない。インドではただでさえ、緒戦《しょせん》における日本の快進撃を受けて、反英闘争が激化していた。そうした状況で日本海軍がインド洋を押さえれば、インドの独立運動は手に負えないほど激しくなっただろう。その独立運動の熱気はやがてアラブ諸国にも波及し、イギリスが極めて深刻な打撃を受けたことは疑いようがない。

このように、大和の有効な運用方法は、いくらでもあった。大和は決して「無用の長物」などではなく、個々の海戦のみならず、第二次世界大戦の帰趨をも、劇的に変えてしまう力を持っていたのである。

大和をここに投入していれば……。ラバウル航空戦についても同様のことがいえる。もし、ソロモンやニューギニアで消耗してしまった戦力を南洋群島に投入し、陸上航空兵力と艦隊航空兵力を適切に運用していたならば、少なくともある時期までは有利な戦争を戦いえたのではなかったか。日本は本来、「勝利の方程式」をもっていたのである。

なお、先の戦争を戦った海軍の太平洋戦争観を知るうえで、ソロモン・ニューギニア方面を担当した三川軍一中将が座乗する旗艦「鳥海」掌航海長の父が書き綴った日記『軍艦「鳥海」航海記』（イカロス出版）をご一読いただければ、幸いである。令和の始まりのいまこそ、あらためて往時の日本人が何を感じ、いかにして運命に立ち向かったかを振り返るよい機会だと思う。

第七章

零戦の性能は「設計の妙」がもたらした

戸高一成

「ないものねだり」の要求に中島飛行機は辞退した

三菱の若き主任設計技師、堀越二郎は、海軍の要求書を初めて見たとき、「われとわが目を疑った」という。それは当時の航空業界の常識では、とても考えられない要求であったからだ。

「もし、こんな戦闘機が、ほんとうに実現するのなら、それはたしかに、世界のレベルをはるかに抜く戦闘機になるだろう。しかし、それはまったく虫のよい要求だと思われた」（堀越二郎『零戦』より）

零戦の開発は、昭和十二年（一九三七）九月に海軍から三菱と中島飛行機に提示された「十二試艦上戦闘機計画要求書」に端《たん》を発する。この十二試艦上戦闘機、略して「十二試艦戦」こそ、太平洋戦争において大空に君臨《くんりん》する「零戦」の試作時の名称であった。

この年は日本海軍にとって、③（マルサン）計画という、軍縮条約が失効するのを見越した、新鋭艦隊建造計画のスタートの年にあたる。この新鋭艦隊の空母（「翔鶴《しょうかく》」「瑞鶴《ずいかく》」）のために、画期《かっき》的新鋭機が求められたというのが、零戦開発のきっかけだったのである。

では、堀越が目を疑った海軍の要求とはどんなものだったのか。まず、当時の一般的な戦闘機の二倍の航続力、速力も現行の制式戦闘機である九六式艦上戦闘機の最高速力四五〇キロを上回る五〇〇キロとする。そして九六艦戦よりすぐれた空戦能力を持たねばならず、さらに九六艦戦では七・七ミリ機銃二挺《ちょう》装備のところ、それより格段に重装備で、炸薬《さくやく》を仕込んだ炸裂弾を発射する二〇ミリ機銃を二挺加えよという。

つまり、大型機を落とすために二〇ミリ機銃を積み、同時に攻撃機を護衛して敵地まで長距離を往復し、しかもそこで待ち構えている敵の戦闘機に打ち勝つ空戦能力を持たせたい。これが海軍の要求内容であった。あれもこれも盛り込みたいというのは、裏返せば、海軍にはっきりとした次期戦闘機のコンセプトがなかったからともいえよう。

あまりに苛酷《かこく》な要求に中島飛行機は開発を辞退。しかし、この不可能と思えるプロジェクトに挑んだのが、当時、抜群の格闘性能を誇った九六艦戦の設計者である三菱の堀越二郎だったのだ。

その堀越にしても、海軍の要求に対し、短距離ランナー（格闘性能）に長距離ランナー（航続距離）の能力を合わせるようなもので、「ないものねだり」だと嘆《なげ》いている。

「これはまた、難題をつきつけてきたものだな」

苦悩した堀越は、計画要求書の討議において、「要求されている性能のうち、どれか一つか二つを引き下げていただけないでしょうか」と意を決して訴える。

しかし、源田実《げんだみのる》少佐が格闘性能を重視したのに対し、柴田武雄《しばたたけお》少佐は航続距離と速力を重視するなど、海軍の担当部内でも意見が対立していた。その論戦を見ていた堀越は、

「この二人はどちらもそれぞれ正しいことを言っているのであり、議論は永久に平行線をたどるであろう。この交わることのない議論にピリオドを打つには、設計者が現実に要求どおりの物を作って見せる以外にはない」

と決意するのである。

二〇ミリ機銃の「功」と「罪」

堀越は、機体の徹底的な軽量化と空力的洗練をめざす。飛行時に車輪を機体内に格納して

空気抵抗を減らす引き込み式主脚、定速回転プロペラ、九六艦戦設計時に開発した全面的な沈頭鋲《ちんとうびょう》、さらに主翼翼端の「ねじり下げ」を採用した。

「ねじり下げ」とは、主翼の仰角《ぎょうかく》、つまり進行方向に向かって仰向《あおむ》いている角度を、翼端にいくほど小さくすることをいう。これによって機体の安定性が増し、空戦能力が向上するのである。

零戦には、実は初めて採用されたオリジナルの技術は少ない。むしろ従来の技術を、絶妙にアレンジして世界トップクラスの戦闘機に纏《まと》め上げた、設計こそを評価するべきであろう。技術とは複雑なもので、いくら最先端の技術を組み合わせても、最高のものができあがるわけではなく、量産もできない。むしろ既存の技術をバランスよく組み合わせ、最大の性能を発揮する「設計の妙」が大事なのだ。

また、零戦の操縦性の良さを高めた操縦索の剛性《ごうせい》低下（操縦応答性）などは、「日本人＝独創性がない」、という思い込みを覆《くつがえ》すアイデアといえる。これは舵《かじ》の利《き》きを調整する仕組みで、操縦索を伸び易《やす》いものにすることで、高速飛行時に操縦桿《かん》を大きく動かしても、舵面《だめん》が受ける風の抵抗で操縦索が引っ張られて伸び、結果的に速度にふさわしい適正な舵角《だかく》が自動的に得られるものだ。

ところで、零戦の象徴の一つとされるのが、二〇ミリ機銃である。その採用は、山本五十六《いそろく》が強く主張したといわれるが、評価は賛否真っ二つだ。

零戦開発の背景には実験的要素もあり、新鋭の二〇ミリを採用したが、パイロットからは「絶大な威力」と「さっぱり当たらない」という両極端の意見があった。坂井三郎も「ションベン弾」といっているように、初速が遅いため目の前で落ちてゆくような弾道は、名人には良いが、並みのパイロットには扱うのが難しく、装弾数も過小であった。

エースの一人、岩井勉《いわいつとむ》は、「二〇ミリは狙って当たるものじゃない」と語っていた。私が「どうやって当ててるんですか?」と聞くと、「操縦桿をチョットひねって、二〇ミリの弾を敵の周りにばら撒《ま》く、一発当たれば撃墜できるんだから」と、二〇ミリの功（破壊力がある）と、罪（当たらない）を同時に説明してくれたのにはなるほどと感心した。

しかし、航続距離と格闘性能を両立させるという「ないものねだり」は、すべて機体の軽量化、ひいては防御装備の弱さにしわ寄せがくることになった。よく零戦の弱点は防御の弱さだという人がいるが、防御を強くすればその分機体重量が増し、航続距離も格闘性能も失っていたであろう。

また戦後、零戦に対して、「栄《さかえ》エンジンに余裕がなく、わずかしかパワーアップできなかった計画性のなさ」「急降下速度の不足」「七・七ミリ機銃の弱さ」「高高度の性能が弱い」などの弱点も指摘されるが、最初の要求を鑑《かんが》みればあまりにナンセンスな指摘で、堀越と零戦には全く責任はない。最初から将来の馬力アップを見込み、重武装、高高度性能などを要求していれば、八方美人的性能の、「駄作機」が完成していたのではないだろうか。

当時、零戦は世界最高の性能と美しさを誇った

昭和十五年（一九四〇）七月、零戦は制式機として採用された。その年が皇紀《こうき》二六〇〇年であったことから、末尾の零をとって「零式艦上戦闘機《れいしき》」と命名され、略して「零戦」と呼ばれた。そして九月十三日、零戦は大陸戦線で初陣を飾り、味方機の損失（被撃墜）無しで、敵機二十七機全機撃墜（公表数字）という伝説的な戦果をあげる。零戦の鮮烈《せんれつ》なデビューであった。

太平洋戦争の開戦劈頭《へきとう》、零戦は「P-39エアコブラ」「ハリケーン」といった米英の戦闘機

に対して、圧倒的な強さをみせる。

これは基本的に、一世代古い機体である相手が格闘戦を挑んできたからであり（米英はすぐにこれを改めるが）、さらに零戦のパイロットたちは、本当に名人揃《ぞろ》いであった。開戦時、零戦隊に勝てる戦闘機隊は世界に存在しなかったといっても過言ではない。

坂井三郎は「格闘性能は九六艦戦のほうが上だった」と言い残しているが、零戦はあらゆる要求の折衷《せっちゅう》型であり、九六艦戦は格闘戦専門機だから、たしかにその通りであろう。ただし、空中戦は格闘戦だけでは勝てない。相手によって戦い方を変えられる、選択肢の多い機体が最後は勝つのである（不利なら高速で逃げることもできる）。

しかし緒戦《しょせん》、無敵を誇った零戦も、太平洋戦争後半では、「F6Fヘルキャット」「F4Uコルセア」などの新型戦闘機に苦戦し、「駿馬《しゅんめ》老いる」の状態になってしまう。それは基本的に、千馬力である零戦と、二千馬力級の敵戦闘機の、エンジン性能の差にあった。

しかし、たとえ高馬力エンジンがあったとしても、機体自体の強度が千馬力級だから、零戦の改造には根本的に無理があった。これは零戦があまりに傑作だったため、すぐに次期艦上戦闘機の開発を始めなかった海軍の失敗である。ふつう戦闘機の開発から採用まで、四年はかかるので、次期艦上戦闘機は、零戦の採用と同時に始めるべきであった。そうすれば昭和十八年には、次の艦上戦闘機が登場していたはずである。

だが、その悲劇性にこそ、日本人が今でも零戦を愛する理由がある。そこには、日本人の国民的心情とも言ってよい「判官《ほうがん》びいき」があるのだろう。

判官びいきには、「有能な人物が」「その能力を十分に発揮できずに」「悲劇的最期を遂げる」という、三要素が必要である（しかも、美しくなければならない）。兵器ではあるが、「戦艦大和」も零戦も、世界一と言ってよい素質を持ちながら、その力を十分に発揮できずに、悲劇的末路《まつろ》を辿《たど》った。

しかも、両方とも姿かたちの美しさを兼ね備えている。私は「美しいものは性能がいい」と考えているが、零戦はまぎれもなく当時、世界最高の性能と美しさを誇ったといえる。どの民族にとっても、世界一のものを（一時的とはいえ）作り出したという記憶は、誇らしい気持ちを刺激する。

だからこそ坂井三郎も開戦時、零戦に対し、

「今度こそ日本人の頭脳が考え、日本人だけの手でつくり上げた零戦を、日本海軍で鍛《きた》えに

鍛えたおれたちの手で操縦して、目にものをみせてやるのだ。ことに敵の戦闘機にだけは絶対に負けてはならない」

という誇りに満ちた思いを抱いたのであろう。

そして戦後、堀越二郎は著書でこう語っている。

「日本人が、もし一部の人の言うような模倣《もほう》と小細工《こざいく》のみに長《た》けた民族であったなら、あの零戦は生まれえなかったと思う。当時の世界の技術の潮流に乗ることだけに終始せず、世界の中の日本の国情をよく考えて、独特の考え方、哲学のもとに設計された『日本人の血の通った飛行機』――それが零戦であった。こんなところに、零戦がいまも古くならず、語りつがれている理由があるのであろう」

第八章

ミッドウェー海戦時、日本の戦力は優位にあったのか

森　史朗

日本海軍がミッドウェー島を攻撃した理由

対米開戦となった場合の海軍軍令部の基本構想は、ソロモン諸島やニューギニアを占領してアメリカ太平洋艦隊の侵攻を待ち、マーシャル諸島、あるいはマリアナ諸島沖で艦隊決戦を行なって雌雄《しゆう》を決する、というものでした。

しかし、連合艦隊司令長官・山本五十六《いそろく》は、太平洋正面での艦隊決戦を待つ間に、アメリカは巨大な生産力で軍備を増強するに違いないのだから、短期決戦をするべきだと主張します。ハワイを攻略することでアメリカ国民に精神的打撃を与え、有利な条件で早期に講和することを考えたのです。ハワイを押さえれば、アメリカの艦隊を西海岸に抑《おさ》え込むことができます。

とはいえ、講和の仲介《ちゆうかい》をどの国が引き受けてくれるのか、見通しは立っていませんでした。国力に圧倒的な差があるアメリカに勝つために、死中《しちゆう》にわずかな活路を見出そうとした、苦しい作戦だったと言えるでしょう。

短期決戦のため、山本がまず立案したのが、真珠湾《しんじゆわん》攻撃でした。

反対する軍令部に連合艦隊首席参謀・黒島亀人《くろしまかめと》が乗り込み、「もしこの案が受け入れられなければ、山本長官は職を辞する覚悟だ。われわれ全幕僚もそうである」と発言。これに対し、軍令部総長・永野修身《ながのおさみ》は、山本を罷免《ひめん》することもできたのですが、「山本に自信があるなら、やらせてみようではないか」という判断をします。こうして、昭和十六年（一九四一）十二月八日に真珠湾攻撃が決行され、成功しました。

その翌日、山本は黒島にハワイ攻略作戦の研究を命じます。作戦構想がまとまったのは翌年の四月一日。その内容は、六月上旬にミッドウェー島とアリューシャン列島の要地を攻撃してアメリカの艦隊を誘い出し、撃滅する。そして、十月を目処《めど》としてハワイ攻略の準備を進める、というものでした。

連合艦隊戦務参謀・渡辺安次《やすじ》がこの作戦案を持って軍令部との折衝《せっしょう》に出向きますが、もちろん軍令部は反対。渡辺も一歩も引かず、議論は堂々巡りを続けます。

そこで、四月五日、渡辺は勢いよく席を立って、連合艦隊司令部への直通電話を取りました。電話口に出た黒島と話し、席に戻ると、「この案が通らなければ、山本長官は連合艦隊長官の職を辞するといわれている」と、再び同じ恫喝《どうかつ》をします。これを聞いた軍令部第一部長・福留繁《ふくとめしげる》は動揺し、軍令部次長・伊藤整一《せいいち》に「山本長官にお任せしましょうか」とお伺《うかが》いを立てた。これに伊藤は、「そうですな」と答えました。永野も異《い》を唱《とな》えず、これで山本の作戦の実施が決まりました。

海軍内での山本の影響力が大きくなり、軍令部と連合艦隊の地位が逆転していたことがよくわかります。

航空兵力はアメリカが上だった

要するに、ミッドウェー作戦はハワイ攻略のための前哨戦《ぜんしょうせん》という位置づけでした。ここまで日本海軍は連戦連勝を続けており、五月七〜八日の珊瑚海《さんごかい》海戦で痛手《いたで》を受けたアメリカの空母部隊は、ミッドウェー島を占領するまで姿を現わさないだろうと思われていたこともあって、出撃した第一航空艦隊には楽観的な空気がはびこっていました。ところが実際には、ミッドウェー島を攻略する前に、日本軍はアメリカの空母部隊と戦うことになります。

では、ミッドウェー海戦において、日米両海軍にはどれほどの力の差があったのか。昭和二十一年（一九四六）にアメリカの海軍大学校で編纂《へんさん》された『ミッドウェー海戦〈その戦略と戦術の研究〉』が、両軍の有利な点と不利な点を整理しているので、それを紹介しましょう。

日本軍

有利な点……空母の数（日本側四隻《せき》vs米側三隻）および戦艦二隻、艦砲百七十一門（米側百四十門）。戦闘機の優秀性、高速艦隊の機動性、搭乗員《とうじょういん》の豊富な戦場体験。

不利な点……情報不足、レーダーなし。不十分な対空火器、航空機の防弾・防火対策なし。

アメリカ軍

有利な点……情報の優位と奇襲《きしゅう》戦法。レーダー装備と戦闘機管制、巡洋艦能力と駆逐艦の兵力差。航空機の防弾・防火対策。

不利な点……母艦攻撃兵力を集中できなかったこと、空母部隊も同じ。戦闘機の活躍不足、雷撃機の低性能、速力が遅い。

まず艦数を比べると、空母は日本軍が一隻多い。しかし、搭載機数《とうさいき》は、日本軍が二百六十一機、アメリカ軍が二百四十機で、あまり差がありません。アメリカ軍にはミッドウェー島の基地に駐屯《ちゅうとん》する百十五機もあるので、ミッドウェー島占領後に展開するために日本軍の空母が搭載している零戦《れいせん》二十一機と二式艦偵《かんてい》二機を加えても、航空兵力はアメリカ軍が上です。

戦艦は、第一航空艦隊は「霧島《きりしま》」「榛名《はるな》」の二隻、アメリカ軍はゼロ。巡洋艦と駆逐艦は第一航空艦隊よりアメリカ軍のほうが多いものの、艦砲の数は日本軍が上回ります。

しかし問題は、その艦砲を効果的に使えるかどうかです。本来、空母以外の艦は輪形陣《りんけいじん》を組んで空母を囲み、対空砲火をして守らなければならない。ところが、日本軍はその連携ができていませんでした。

戦闘機と搭乗員については、確かに日本軍のほうが優秀だったといえるでしょう。とはいえ、各空母に搭載された零戦の数は十八機で、そのうち九機はミッドウェー島を攻撃するために出撃していました。残り九機のうち六機は敵空母に備えて待機しており、空母を守る直掩機《ちょくえんき》は各艦わずか三機。全十二機では四空母を守り切れるものではありません。航空甲《こう》参謀・源田実《げんだみのる》は、日本軍機一機で十分にアメリカ軍機六機に対抗し得ると豪語していましたが、これはどんなに優秀な搭乗員でも無理な話です。

日本軍の艦隊の機動性が、本当に高速といえるものだったかも疑問です。第二艦隊の艦は近藤信竹《のぶたけ》司令長官が率《ひき》いており、第一航空艦隊司令長官・南雲忠一《なぐもちゅういち》の指揮下になかったからです。空母が窮地《きゅうち》に陥《おちい》っていても、駆けつけて救援するよう、南雲が第二艦隊の艦に命令することはできなかったのです。

勝敗を分けた最大の要因は情報格差

日本軍の不利な点とアメリカ軍の有利な点に挙がっている「情報」については、日米に非常に大きな差がありました。

アメリカ太平洋艦隊にはエドウィン・レイトンという日本通の情報参謀がいて、秘書と彼だけは、司令長官チェスター・ニミッツの寝室にまで入れました。アメリカ軍は、それほど情報を重視していたのです。一方、日本海軍に情報参謀が置かれるのは、ミッドウェー海戦大敗の後、第三艦隊の編制を待たなければなりません。

情報の取り扱いにも、日本軍は大いに問題がありました。例えば、ミッドウェー海戦の前夜、空母「飛龍《ひりゅう》」の敵信傍受《てきしんぼうじゅ》班はアメリカの空母のコール・サインを捉えています。ところが、「敵空母がいるはずはないし、何かの間違いじゃないか」と握りつぶされ、艦橋にいる第二航空戦隊司令官・山口多聞《たもん》に伝わらなかったのです。

この時、戦艦「大和《やまと》」もアメリカの空母のコール・サインを傍受しています。これは乗艦する山本にも伝えられましたが、南雲に伝えられることはありませんでした。南雲が乗っている空母「赤城《あかぎ》」も傍受しているはずだ、という思い込みがあったからです。

しばしば指摘されるレーダーについては、実際には、ほとんど影響がなかったと考えられます。ミッドウェー海戦の時点では、経験不足で米空母の戦闘管制官の能力が低く、レーダーに映る機影が敵なのか味方なのか、また高度はいくらかがわからなかったからです。だからこそ、飛龍を飛び立った友永丈市《ともながじょういち》率いる雷撃隊が、重い魚雷を抱《かか》えながら空母「ヨークタウン」に接近し、雷撃を成功させられたのです。

アメリカ軍の不利な点に挙がっている「母艦攻撃兵力を集中できなかった」とは、第十六機動部隊司令官レイモンド・スプルーアンスが、麾下《きか》の空母「エンタープライズ」と「ホーネット」が搭載している全航空機を一斉《いっせい》に発艦させたために、編隊を組む時間の余裕がなく、バラバラに日本軍の艦を攻撃したことを指しています。

しかし私は、これは「不利な点」ではなく、このスプルーアンスの決断、そして、許可を求めたスプルーアンスに「任せる」といった母艦攻撃部隊司令官フランク・フレッチャーの度量こそが、アメリカ軍に勝利をもたらしたと見ています。スプルーアンスが全機を発艦させたのは、日本軍の攻撃隊がミッドウェー島攻撃から帰還し、空母が混乱する時間を狙ったものでした。そのタイミングを見計《みはか》らっていたのです。

これは、アメリカ軍の空母を認識した山口が、旗艦《きかん》「赤城」、「加賀」の搭載機が雷装に転換するのを待たず、すぐに爆装のまま発艦させて攻撃しようとしたのに対して、南雲が許可を出さなかったのと対照的です。

決断をしなかった南雲の責任は重い。同時に、南雲を傍《そば》で支えるべき参謀長・草鹿《くさか》龍之介《りゅうのすけ》の責任も重大だと思います。

敗北が決定的になったのはガダルカナル島攻防戦

ミッドウェー海戦で、日本軍は空母四隻を失いましたが、これで日本海軍の劣勢《れっせい》が決定的になったかといえば、そうではなかったでしょう。航空機の搭乗員には、生き残った人が多かったからです。彼らは、航空兵力を回復するため、新人搭乗員の育成に当たりました。

ところが、新人が成長する時間がないまま、早くも昭和十七年（一九四二）八月七日にアメリカ軍がガダルカナル島に上陸を始め、消耗戦《しょうもう》が始まります。日本海軍の敗北が決定的になったのは、このガダルカナル島の攻防戦だったと思います。

その後、ニミッツは山本を暗殺しました。昭和十八年（一九四三）四月十八日の「海軍甲《こう》事件」です。この時、ニミッツはレイトンに、「山本を殺しても、もっと優れた人間が次に連合艦隊司令長官になると困る」と相談しています。するとレイトンは、「山口はミッドウェーで戦死しているので、大丈夫です」と答えました。山口は、アメリカ軍が最も恐れた指揮官だったのです。もし彼が、その死後に編制された第三艦隊の司令長官になっていたら、歴史は別の途《みち》を歩んでいたかもしれません。

第九章

「キスカ島撤退の奇跡」を導いたものは何か

早坂 隆

アメリカは「パーフェクト・ゲーム」と感嘆した

終戦から七十年余が経《た》ちましたが、先の大戦時の日本を振り返る際、これまで往々《おうおう》にしてマイナスのイメージで語られることが多かったと思います。日本人は愚かな戦争を行ない、世界の各地で多くの尊い命を犠牲にした、と。しかし、その一方で、北方の島に取り残された五千二百人もの日本軍将兵の命を救い、敵国のアメリカが、

――パーフェクト・ゲーム

と大いに感嘆した出来事については、これまであまり語られてきませんでした。それが、昭和十八年（一九四三）七月の「キスカ島撤退作戦」です。

この史実をモデルにした作品に、昭和四十年（一九六五）に公開された映画「太平洋奇跡の作戦　キスカ」（三船敏郎《みふねとしろう》主演）がありますが、恐らく若い方には馴染《なじ》みがないでしょう。

戦後の日本では、戦時中の失敗から学ぶ「失敗学」が重視されるあまり、敵国のアメリカもが目を見張った「成功」であるキスカ島撤退作戦は語られることが少なく、忘れ去られてしまったのです。

そもそも、キスカ島とはどこにあり、なぜそこに五千人以上もの日本軍将兵がいたのか。そして、アメリカが激賞したキスカ島撤退作戦とはどのようなものだったのでしょうか――。

キスカ島は、千島《ちしま》列島北東アリューシャン列島の西端に位置する島です。もともとはアメリカの領土でしたが、昭和十七年（一九四二）六月、日本は西隣のアッツ島とともに進出。やがてアッツ島に二千六百人、キスカ島に五千二百人の陸海軍将兵を送りました。

しかし、次第に戦局が悪化すると、アッツ、キスカ両島はアメリカ軍の反撃に晒《さら》されます。両島には内地から十分な物資を輸送できず、食糧の補給すらままならなくなりました。苦戦を強《し》いられたのは言うまでもありません。

そして昭和十八年五月、アッツ島がアメリカ軍の上陸作戦により陥落。守備隊の悉《ことごと》くが戦死し、「玉砕《ぎょくさい》」という言葉が初めて用いられます。次にアメリカ軍が矛先を向けたのが、キスカ島でした。キスカ島はアメリカ軍の艦船によって完全に包囲され、まさしく絶体絶命の状況に追い込まれることになります。

アッツ島放棄の交換条件

キスカ島撤退作戦で、まず語るべきはキーパーソンとなった二人の男でしょう。ひとりが、北部軍（後の北方軍、第五方面軍）司令官である陸軍の樋口季一郎《ひぐちきいちろう》中将です。樋口は昭和十七年夏に司令官に就任し、翌十八年二月よりアリューシャン列島の指揮を任されました（当初、同列島は大本営直轄地）。

キスカ島がアメリカ軍に包囲される中、樋口の脳裏にはアッツ島で命を落とした将兵たちの顔が浮かんでいたはずです――。

「アッツ島への増援を放棄する」

樋口が大本営から信じがたい命令を受けたのは、五月二十日のことでした。樋口はその一週間前、アッツ島の山崎保代《やまさきやすよ》守備隊長に「軍は新たに同方面に有力なる部隊を以《もっ》て上陸せる敵を撃滅すべく着々準備を進めつつあり」と電報を打ち、二千六百人の将兵を支援すべく奔走していたのです。

筆者は以前、様々な資料や取材をもとに樋口の生涯を追いました。印象的だったのが、彼の『回想録』で、アッツ島、キスカ島の事柄がほとんど触れられていない点です。アッツ島守備隊を救えなかった痛恨の思いの表れでしょう。一方、私家版の『遺稿集』には、次のような文章が見受けられます。

〈私は落涙《らくるい》、この「断」に随従《ずいじゅう》する外《ほか》なかった〉

淡々とした記述の中に、身を切られるような苦衷《くちゅう》が感じ取れます。樋口は、「命のビザ」で有名な杉原千畝《すぎはらちうね》の二年ほど前に、ユダヤ人難民の命を救ったことでも知られます。そんな人道を重んじる彼が、部下たちを「見殺し」にしなくてはならなかった。非情な命令に、樋口は号泣したと伝わります。

しかし、ここで悲嘆《ひたん》にくれるばかりでないのが樋口です。彼は大本営に対して、アッツ島放棄の代わりに交換条件を出しました。

〈私はそこで一個の条件を出した。それは「キスカ撤収に海軍が無条件の協力を約束するならば」と云うにあった〉（『書翰』）

優れたヒューマニスト（人道主義者）とは、同時にリアリスト（現実主義者）でなければならないものです。現実を直視し、具体的な方策を練らなければ、どんなに平和を希求し、叫んだところで、夢想に過ぎません。そのことを深く理解していた樋口は、アッツ島の放棄を承諾する代わりに、キスカ島の即時撤退を認めるよう上層部に迫りました。増援の見込めない中、現兵力でアメリカ軍を迎え撃っても、アッツ島の二の舞になるばかりです。五月二十一日、海軍は撤退作戦を正式に承認しました。

運を天に任せなかった判断

そして樋口と同様に、ヒューマニズムとリアリズムを兼ね備えた男が、海軍にもいました。現場で撤退作戦を指揮した第一水雷戦隊司令官・木村昌福《きむらまさとみ》少将です（後に中将）。最新式のレーダーを備えたアメリカ艦隊が取り囲むキスカ島へ、軽巡洋艦や駆逐艦から成る優速《ゆうそく》の水雷戦隊をもって敵の間隙《かんげき》を衝《つ》いて突入、短時間で五千人以上の全将兵を一挙に撤収させる……。

これが、「ケ号作戦」と名付けられた撤退作戦の概要です。

同年二月にはガダルカナル撤退作戦が行なわれていますが、両作戦の間で決定的に異なっていたのが、制空権の有無でした。ガダルカナル撤退時には航空機も支援しましたが、キスカ島は制空権も奪われていたため、一機も投入されていません。海軍内で「この撤収は容易ならざる作戦であって、敵の包囲の中から全員を秘密裡《り》に引き揚げさせることは激戦地にとびこむ以上の難事である」と語られていた大きな理由のひとつです。

そこで、海軍が絶対条件に挙げたのが、濃霧に紛《まぎ》れてのキスカ島突入でした。アリューシャン方面は深い霧が発生しやすく、「作戦の成否は霧にかかっている」と木村は考えます。

かくして、五千二百人の将兵を救うべく、軽巡洋艦「阿武隈《あぶくま》」を旗艦《きかん》とする救出艦隊は七月七日、キスカ島を目指して幌筵《ほろむしろ》島を出航。「容易ならざる作戦」に挑《いど》むにあたり、木村は事前に次の二つのことを強く主張しました。

- キスカ湾滞在は一時間に限り、それ以上経てば救出作業を中止してでも出航する。
- 五千二百人を効率的に収容するため、陸軍兵は三八式歩兵銃も放棄する。

特に、菊の御紋章が付いた三八式歩兵銃の放棄は、陸軍から「陛下から戴《いただ》いた銃を捨てろとは何事か」と猛反発を受けました。しかし、木村はガダルカナル撤退の際、銃を携行したために出航が遅れた例を挙げて一歩も譲りません。「今、何よりも優先させるべきは将兵の命であり、為《な》せることはすべて為す……」。それが木村の確固たる信念であり、その要求を容《い》れたのが樋口でした。これは樋口の独断であり、後日、大本営でも議論を呼びましたが、樋口からすれば些末《さまつ》なことでした。

一方で木村は、「作戦にあたっては一兵でも多くの陸軍部隊を収容し、海軍同僚には遠慮してもらう」と、撤退は陸軍を優先する方針を打ち出しました。木村と樋口のヒューマニズムとリアリズムが、この時、共鳴したのです。

木村については、作戦中の決断も見逃せません。キスカ島入港は当初、七月十一日を予定していました。しかし思うように霧が発生せず、木村は突入を十三日、十四日、さらに十五日と延期した末に、一旦《いったん》、幌筵島に帰港しました。周囲からは「危険を冒《おか》さずに任務遂行できるか」と非難が相次ぎましたが、木村は黙し、泰然《たいぜん》としていたといいます。

確かに、運を天に任せて突入するという決断もありえたでしょうし、特に当時のリーダーには、そちらを選ぶ人物が多かったかもしれません。しかし木村は冷静に、最後の最後まで人事を尽くした上で天命を待ちました。

そして――。同月二十九日、第二次作戦において、キスカ島撤退は奇跡的な成功を収めることができたのです。守備隊全員を生還させた木村の眼には涙が浮かび、また樋口は木村に心からの感謝の思いを伝えました。

日本が大東亜戦争で成し遂げた成功例

キスカ島撤退作戦は、しばしば「運が良かった」と語られます。決行した日時に濃霧が立ち込めたことや、「阿武隈」が敵艦隊と誤認して小キスカ島に魚雷を撃ち込んだことで、かえって島を確認することができたといった偶然を指しての表現です。

しかし、木村たちが作戦前、徹底的に準備を重ねていた点を忘れてはなりません。海軍は最新式のレーダーを備える駆逐艦「島風《しまかぜ》」をわざわざ配備し、キスカ湾突入についても入念にシミュレーションを行ないました。巡洋艦から大発《だいはつ》（大発動艇。上陸用舟艇《しゅうてい》）を出して、港と行き来させるにあたっては、大発を素早く出すため、艦に改良を加えてもいます。そして霧に関しても、気象予報士が百パーセントは難しくとも、極限まで確率を高めるべく科学的な分析を行ない、最適な日を割り出しました。決して「神頼み」ではなく、むしろできることをやり尽くしたからこそ、巡ってきた運を活かせたのです。

最後に、私が強調したいのが、「為すべきことを為した」のは、樋口や木村をはじめとした救出隊だけでなく、キスカ島の守備隊も同様であったという点です。

守備隊には、陸軍北海守備隊司令官を務める峯木十一郎《みねきといちろう》率いる約二千四百名と、海軍第五十一根拠地隊司令官の秋山勝三《あきやまかつぞう》率いる約二千八百名がいました。当時の陸海軍といえば険悪な仲が盛んに語られますが、キスカ島ではまさしく一丸《いちがん》となった行動によって組織が貫かれていました。

アッツ島玉砕に接して、彼らは「次は自分たちの番だ」と悲愴《ひそう》な覚悟を抱きます。そして撤退作戦が開始された後も、救出隊が突入予定日に現われないなど何度も希望を砕《くだ》かれ、打ちひしがれました。それでも、決して諦めず、たとえわずかであっても望みを捨てなかったのです。この姿勢こそが、奇跡の生還に繋がりました。

そして、実はアッツ島の将兵の戦いぶりも「奇跡」の背景のひとつです。樋口は後に撤退作戦成功の要因を聞かれた際、「濃霧、日本海軍の友軍愛、アッツ英霊の加護」を挙げています。アッツ島守備隊は四倍にも及ぶ敵兵相手に敢然と戦い、十九日間、持ちこたえました。アメリカ軍はその敢闘ぶりに驚嘆したといい、樋口は次のように戦後に綴《つづ》っています。

〈アッツ部隊が余りに見事なる散華《さんげ》全滅を遂げたから、米軍はキスカ部隊も必ずやアッツの前例を追うならんと考え、撤収など考慮に入れざりしならん〉（『書翰』）

キスカ島撤退作戦は、樋口と木村というヒューマニズムとリアリズムを備えた指揮官を中心に行なわれました。しかし、成功に導いたのは、この二人だけではありません。指揮官のもと、人事を尽くしてキスカ島へと突入した救出隊。どんな状況でも決して諦めることがなかったキスカ島の守備隊。勇敢にアメリカ軍に立ち向かったアッツ島の将兵……。キスカ島からの「全員生還」は、そのいずれが欠けても生まれなかった「奇跡」に他ならないのです。大東亜戦争（太平洋戦争）において、日本が成し遂げた成功例にも私たちは目を向け、多くを学ぶべきではないでしょうか。

（談）

第十章

「ヤルタ密約」をつかんだ日本の軍人がいた

岡部 伸

参謀本部内で握りつぶされた機密情報

先の大戦が終結してから、七十年余になります。今なお日本には、戦争の「負の遺産」が数多く残りますが、最たる例が「北方領土問題」でしょう。昭和二十年（一九四五）八月九日、ソ連は日ソ中立条約を破って、満洲《まんしゅう》（中国東北部）、南樺太《からふと》に侵攻し、ポツダム宣言受諾《じゅだく》後の八月十五日から千島《ちしま》列島、そして固有の領土・北方四島まで占領。かくして、不法占拠の状態が現在まで続いているのです。

当時の日本にとって、ソ連の「裏切り」は驚天動地《きょうてんどうち》で敗戦を意味しました。しかし実は、それは連合国首脳の間で予《あらかじ》め取り決められていたものでした。同年二月四日、クリミア半島の保養地・ヤルタでアメリカのルーズベルト大統領、イギリスのチャーチル首相、そしてソ連のスターリン首相が一堂に会しました。東西冷戦構造を決めたヤルタ会談です。この時、「ソ連はドイツ降伏三カ月後に、対日参戦する」という恐るべき密約が、交《か》わされていたのです。この情報を、日本は察知《さっち》できませんでした。無理のない話で、アメリカのトルーマン副大統領すら七月まで知らされていなかったといいます。

ところが――連合国のトップシークレットであった「ヤルタ密約」を、会談直後、密《ひそ》かにつかんだ日本人がいました。ストックホルム駐在陸軍武官、小野寺信《おのでらまこと》少将です。

小野寺は、連合国側から「欧州における枢軸国側諜報網《すうじくこくちょうほうもう》の機関長」と恐れられた情報士官（インテリジェンス・オフィサー）で、独自の情報網でヤルタ密約情報をキャッチし、機密電報で日本の参謀本部に打電していました。残念なことに、この「小野寺電」は大戦末期の日本の政策に活《い》かされることはありませんでした。参謀本部内でソ連に傾斜《けいしゃ》する「奥の院」に情報そのものを握り潰《つぶ》されたのです（今では考えにくい話ですが、当時の日本には共産主義国家ソ連に幻想を抱き、終戦の仲介を期待した勢力が、少なからずいました）。それでも、祖国の危機を救うべく奔走《ほんそう》した小野寺の功績が色褪《いろあ》せることはありません。

それにしても、小野寺はどのようにして密約の存在を知ることができたのでしょうか。

情報士官というと、「人を騙《だま》して情報を掠《かす》め取る」といったイメージを抱く方もいるかもしれません。しかし、実際にはその逆です。「情報活動で最も重要な要素のひとつは、誠実な人間関係で結ばれた仲間と助力者」と生前、小野寺自身が語っているように、他国の情報士官らと家族ぐるみで固い信頼関係を結び、彼らから最重要機密情報を得ていたのです。本稿では「人間・小野寺信」の魅力を明らかにしつつ、彼がいかにして密約をつかんだかに迫ります。

他国の情報将校から「諜報の神様」と慕われた男

小野寺が岩手県に生まれたのは、明治三十年（一八九七）のこと。日露《にちろ》戦争の影響もあり、多くの子供が軍人に憧《あこが》れた時代です。小野寺もその一人で、陸軍幼年学校から陸軍士官学校へ進みます。

転機は大正十年（一九二一）のシベリア出兵でした。小野寺は驚くべきことに、約一年の極東ハバロフスク地方のニコライエフスク滞在で、現地のロシア人タイピストからロシア語の日常会話を修得。やがて陸軍随一《ずいいち》のロシア語の使い手となり、参謀本部作戦課長を務めた小畑敏四郎《おばたとしろう》の引きで、対ロシア情報の道を進みます。一九一七年のロシア革命以来、共産主義の世界浸透を目論《もくろ》むソ連が脅威《きょうい》となり、その動きを察知するため、ロシアのスペシャリストが求められたのでした。

その後、小野寺は昭和十年（一九三五）のラトビア公使館武官就任を経《へ》て上海《シャンハイ》へ。そして昭和十六年（一九四一）からストックホルムの駐在武官となり、情報活動に粉骨砕身《ふんこつさいしん》していきます。

では、小野寺はどのようにして情報を得たのでしょうか。ひとつは新聞や雑誌などから情報を得る「オシント（OSINT）」を有効活用しました。小野寺はストックホルムの現地紙を丹念に読み、独ソ戦でドイツが苦戦している事実をつかみ、「ドイツのソ連制覇は確実」と高《たか》を括《くく》る参謀本部に、日米開戦反対の電報を三十通送っています。

しかし、最大の特徴は「ヒューミント（HUMINT）」の達人だった点でしょう。ヒューミントとは、人間的な信頼関係を構築した協力者から秘密情報を得ることです。小野寺の場合の「協力者」は「反ソ」で利害を同じくするポーランドやフィンランド、バルト三国など小国の情報士官でした。小野寺は機密費で彼らの生活の面倒を見るなど、時間をかけて親密で良好な関係を築き、様々な情報を得ていきます。昭和十九年（一九四四）に小野寺を訪ねた海軍の扇一登《おうぎかずと》大佐は、「小野寺さんは他国の情報将校から〝諜報の神様〟と慕《した》われていた」と戦後、回想しています。

「ヤルタ密約」情報も、ポーランドの情報士官からもたらされました。ここで留意すべきは、ポーランドが連合国の一員だった点です。当時のポーランドは領土を独ソに侵略され、亡命政府をロンドンに置き、主《おも》にドイツと戦っていました。にもかかわらず、「仇敵《きゅうてき》の相棒」日本の情報士官に最重要機密情報を提供したのです。彼らが密約情報を小野寺に渡した理由。それは小野寺、そして日本国への「返礼」の意味がありました。

日本とポーランドの絆

昭和十六年一月、ストックホルムに赴任した小野寺は、陸軍武官室の事務所で、一人の大《おお》柄《がら》の外国人と出会います。ポーランド参謀本部情報部の大物、ミハール・リビコフスキーでした。

小野寺は、リビコフスキーと固い友情と信頼で結ばれ、敵対する交戦国でありながら情報を交換し合います。二人を親密にしたのは、ひとつには、リビコフスキーらポーランド人が、強く「親日」感情を抱いていたことがあります。十八世紀よりロシアの侵略と圧政に苦しめられたポーランドは、そのロシアを日露戦争で打ち負かした極東の日本を尊敬していました。またこの時、日本軍は望まずにロシア軍に従軍したポーランド人の捕虜に寛容に接しました。さらに両国の距離を縮めたのが、シベリア出兵中の日本軍が、ボルシェビキに両親を惨殺されたポーランド人孤児七百六十五名を救出した出来事です。ポーランドの新聞は「日本人の親切を絶対に忘れてはならない。われらも彼らと同じように礼節と誇りを大切にする民族であるからだ」と報じ、多くのポーランド人が感謝の念を抱いたといいます。

加えて、昭和十五年（一九四〇）には、リトアニアのカウナスで杉原千畝《すぎはらちうね》が「命のビザ」を出して五千人のユダヤ人を救いましたが、実は、救われた多くの人はポーランドから逃《のが》れたユダヤ人でした。こうした歴史があればこそ、ポーランドは日本を「大切なパートナー」と感じていたのです。ちなみに、杉原はリビコフスキーとも繋《つな》がりがあり、昭和十四年（一九三九）の独ソ侵攻で祖国を逃れたリビコフスキーに満洲国パスポートを発給したのが、杉原でした。「命のビザ」の一年前の話です。

そしてもうひとつ、見逃せないのが小野寺の人間的魅力です。

リビコフスキーにとって、小野寺は「命の恩人」でした。リビコフスキーは、ナチス親衛隊隊長のハインリヒ・ヒムラーが「世界で最も危険な密偵」と目の敵《かたき》にしたほどの人物で、ゲシュタポに四六時中命を狙われます。小野寺はそんなリビコフスキーの身を案じて、日本陸軍武官室の主任（通訳官）として保護しました。とはいえナチスが、敵の密偵を同盟国が匿《かくま》う状況を看過《かんか》するはずがありません。ゲシュタポは何度も彼をドイツへ獲《と》っていこうと試《こころ》みたそうです。しかし、「リビコフスキーは日本の将軍の絶対的なサイドキックに守られていつも難を逃れ、相変わらずイギリスにも小野寺にもサービスを続けた」（ラディスラス・ファラゴー著『ザ・スパイ』）のです。

「敵」はナチスだけではありませんでした。日本国内からの批判にも晒《さら》されたのです。日米開戦後、ドイツ一辺倒になったベルリン日本大使館で、満洲国参事官としてポーランド情報士官らとの諜報協力を主導していた陸軍中野《なかの》学校初代校長・秋草俊《あきくさしゅん》なども、露骨にリビコフスキーを嫌悪していました。

こうした状況下においても、小野寺は決してリビコフスキーをナチスに渡しませんでした。それどころか、さらなる身の安全を図るため、親交のあったストックホルム公使館の神《こう》田襄太郎《だじようたろう》公使代理に依頼して「岩延平太」名義の日本国のパスポートを作り、与えたのです。「これで俺は日本人だ」。リビコフスキーは感謝し、語ったそうです。草木もなびくナチスに逆らうことが、どれだけの覚悟と勇気を要することか。それでも小野寺は危険を承知でリビコフスキーを守りました。ヒューマニズムに基づき、目の前の友人に誠実に接する。そんな小野寺の人柄が目に浮びます。

また小野寺は、庇護《ひご》することを恩に着せて、見返りとしてリビコフスキーに情報を求めることはしませんでした。それどころか、交戦国の敏腕インテリジェンス・オフィサーが目の前で活動することに一切干渉《かんしょう》しなかったのです。国を背負う者同士、己の成すべきことを成す。そして、任務の中で利害関係が一致すれば情報を交換し合う。男同士、互いの立場を尊重しあっていたのでしょう。

余談ですが、戦後、小野寺は家族に自らの活動の一端《いったん》を語っています。その様子を録音したテープを聞かせていただきましたが、本当に穏《おだ》やかな口調で、謙虚で物静かな印象を受けました。昭和の軍人と言えばとかく威張《いば》りふんぞり返った人物を連想しがちですが、小野寺は対極の男だったようです。

ロンドンからもたらされた「ヤルタ密約」情報

その後、リビコフスキーは昭和十九年春、ドイツの圧力に抗《こう》しきれなくなったスウェーデン政府から国外退去を命じられ、ロンドンの亡命政府に向かいます。しかし、彼は小野寺と約束を交わしました。「(退去先の)ロンドンからも引き続き日本のために情報を送る」と。

そして、昭和二十年二月のヤルタ会談直後の同月中旬。小野寺のもとに、「ソ連が裏切る」という日本の命運に関わる密約情報が届きました。送信したのはリビコフスキーの直属の上司のスタニスロー・ガノ。イタリア戦線に出たリビコフスキーに代わって、ガノによって小野寺との約束は果たされたのです。しかも、ポーランド亡命政府参謀本部情報部長を務めるガノが情報を届けたということは、ポーランド亡命政府が「公式に」日本に密約を渡したことを意味します。

日露戦争でのポーランド人捕虜への寛容な扱い、シベリアでのポーランド人孤児救出、杉原千畝の「命のビザ」、そして、小野寺のリビコフスキー庇護……。ポーランドからすれば、密約の情報提供はこれまでの日本の厚意への「返礼」で、「今度は私たちが日本を救う」という思いの表われだったのでしょう。

そして、ポーランドの背中を最後に押したのが、小野寺の誠実な人柄でした。ガノもリビコフスキーから小野寺の豊かな人間性を聞いていました。「小野寺になら託《たく》せる」。そう考えればこそ、密約という「情報の至宝」を惜《お》しげもなく提供したのでしょう。

ガノは、心底、小野寺を信頼していました。終戦後、日本に引き揚《あ》げる小野寺にガノは、こんな心温まるメッセージを贈っています。

「あなたは真のポーランドの友人です。長い間の協力と信頼に感謝し、もしも帰国して新生日本の体制があなたと合わなければ、どうか家族と共に全員で、ポーランド亡命政府に身を寄せて下さい。ポーランドは経済的保障のみならず身体保護を喜んで行ないたい」

祖国をソ連に奪われ、共産化の道を辿《たど》ったポーランドは、世界の誰よりもスターリニズムの恐怖を皮膚感覚で知っていました。「ソ連が攻めてきたら、ただではすまない」。それを熟知していたからこそ、大切なパートナーを同じ目に遭《あ》わせまいと日本に密約の情報を伝え、小野寺に「何かあったら俺たちのところに来い」と伝えたのです。

また、小野寺は帰国後、巣鴨《すがも》プリズンでアメリカの尋問に「ポーランドからは偽情報が多かった」と語っています。もちろんこれは真実ではなく、リビコフスキーらを庇《かば》うための方《ほう》便《べん》でした。小野寺とリビコフスキーは戦後も百通近い手紙をやり取りし、日本とカナダで再会も果たしています。これを「真の友人」と言わずして、何と言うのでしょうか。そんな

「心の絆《きずな》」で結ばれた相手がいたからこそ、小野寺はヤルタ密約の情報を得ることができたのです。

ヤルタ密約の情報は、大戦末期の日本の政策を変えるには至りませんでした。しかし、それをもたらしてくれたポーランドの人々の熱い思い。そして、彼らから絶大な信頼を受けて情報を提供され、祖国を救うべく奔走したひとりの誠実な日本人を、私たちは誇りとすべきではないでしょうか。

（談）

第十一章

「終戦後」に始まった占守島と樺太の戦いとは何だったのか

早坂　隆

「勝ち戦」だった占守島の攻防戦

日本は昭和二十年（一九四五）の何月何日に戦争を終えたのか――。この問いに「八月十五日」と答えない日本人はまずいないと思います。一方、大東亜戦争（太平洋戦争）における「地上戦が行なわれた日本の領土」といえば、多くの方が「沖縄」を連想することでしょう。

しかし、「終戦の日」の二日後、昭和二十年八月十七日の深夜、紛《まぎ》れもない日本の領土で始まった戦いが存在したことについては、知る人が少ないように思えます。日本領千島《ちしま》列島の北東端・占守島《しゅむしゅとう》に不法侵攻してきたソ連軍に対し、日本軍が祖国を守るべく戦った「占守島の戦い」です。現在の北方領土問題へとつながる出来事でもありました。

かく言う私も、占守島の戦いについてある程度の知識はあったものの、「どのような戦いだったのか」「どんな意義があったのか」を詳しく知ったのはここ数年のことです。関心を抱《いだ》いたきっかけは、樋口季一郎《ひぐちきいちろう》中将でした。樋口は昭和十三年（一九三八）、杉原千畝《すぎはらちうね》よりも前にナチスからユダヤ人を救った人物で、占守島の戦いでは北方を守る第五方面軍の司令官としてソ連軍への反撃を命じました。そんな樋口の手記を入口として、私は占守島の戦いについて調べ始めたのです。

最も印象的なのが、樋口の孫・隆一《りゅういち》さんから伺《うかが》った逸話です。隆一さんは、季一郎から次のような話を聞かされたと教えてくれました。

「日本の歴史家は、あの戦争の負け戦《いくさ》ばかりを伝えている。しかし、中には占守島の戦いのような勝ち戦もあったし、だからこそ今の日本の秩序や形が守られている。負け戦を語ることも大事だが、その一方で、重要な勝ち戦があったことについても、しっかりと語り継いでほしい……」

自らの功を、公《おおやけ》に喋るような人物では断じてない。取材を通じて樋口に抱いた印象です。そんな樋口が、占守島の戦いを「語り継いでほしい」と漏らしたのは、なぜなのか。樋口の胸の裡は、あの戦いの「意義」を知ればおのずと見えてきます。

八月十七日深夜、ソ連軍が来襲した

占守島は今もなお、ロシアに実効支配されており、その存在が学校の授業で教えられることはほぼありません。占守島は千島列島の北東端に位置し、戦争当時は日本の領土でした。なお、国際法上、占守島だけでなく全千島列島と、南樺太《からふと》も日本領として認められていました。

昭和二十年当時、日本の北東の国境の最前線にあたる占守島には、約八千の日本陸海軍将兵がいたとされます。ソ連と国境を接していますが、「日ソ中立条約」を結んでいたため、あくまでもアメリカ軍への備《そな》えです。

しかし——八月十七日深夜、占守島に攻め込んできたのは、相互不可侵を約していたはずのソ連軍でした。ソ連は中立条約を一方的に破棄するという明らかな国際法違反を犯《おか》し、日本を「騙《だま》し討ち」したのです。

ソ連軍は八月九日にすでに満洲《まんしゅう》に侵攻していましたが、そこで行なわれたのは戦闘行為ですらありません。殺人、略奪、家屋侵入、そして強姦……。彼らは同じような手法で、千島列島の他、南樺太までも攻略しようと企《たくら》みました。

発端は、同年二月のヤルタ密約にまで遡《さかのぼ》ります。アメリカのルーズベルト、イギリスのチャーチル、ソ連のスターリンが会談を行ない、ソ連が対日参戦を条件に千島列島や南樺太を獲得することを秘密協定で認めたのです。

しかし、スターリンはやがて、北海道の北半分の領有までも主張し始めました。対するアメリカはこれを拒否。後の冷戦構造の萌芽《ほうが》ですが、遺憾《いかん》にも真《ま》っ先《さき》に巻き込まれたのが日本でした。ソ連は終戦近しと見るや、千島列島や南樺太への侵攻を開始。どさくさに紛れて日本領を少しでも掠《かす》め取ろうとしたのです。あのスターリンならば、千島列島、北海道を獲った後、勢いに乗じて本州の東北地方の占領までをも窺《うかが》ったであろうことは想像に難《かた》くありません。結果、日本は戦後のドイツや朝鮮半島と同じような分断国家になっていたかもしれないのです。なお、日本側は戦争末期、そんなソ連に和平の仲介役を期待していました。そうした史実も、あの戦争の一側面として知っておくべきでしょう。

陸軍きってのロシア通だった樋口は、「ソ連軍、来襲」の報に接した瞬間、ソ連の野望と日本が直面した未曾有《みぞう》の危機を鋭敏《えいびん》に察しました。戦後、樋口が「占守島の戦いが今の日本の秩序や形を守った」と指摘したのはそのためです。樋口は誰よりも占守島の戦いの意義を知るからこそ、占守島で敢然《かんぜん》と起《た》ち上がり、肉弾と散った部下たちの姿を後世の日本人にも知ってほしいという「本音」を、孫の隆一さんに語ったのでしょう。

「断乎、反撃に転じ、上陸軍を粉砕せよ」

ソ連兵が凄まじい艦砲《かんぽう》射撃の援護の下、占守島北端の竹田浜《たけだはま》に殺到したのは、八月十八日未明でした。ソ連軍は八千を超えていたといいますが、彼らを発見した偵察部隊は当初、どの軍隊か分からず、アメリカ軍だと思った者が大多数でした。

〈「十八日」は戦闘行動停止の最終日であり、「戦争と平和」の交替の日であるべきであった。（略）然《しか》るに何事ぞ。十八日未明、強盗が私人の裏木戸を破って侵入すると同様の、武力的奇襲行動を開始したのであった〉

報告を受けた樋口は、当時の心境を『遺稿集』にこう記しています。彼は「斯《か》かる『不法行動』は許さるべきでない」と続けており、すぐさま第五方面軍麾下《きか》の将兵に「断乎《だんこ》、反撃に転じ、上陸軍を粉砕せよ」と命じました。当時、日本軍大本営は「十八日午後四時」を自衛目的の戦闘の最終日時と指示していましたが、樋口はソ連軍の日本上陸を水際《みずぎわ》で留めなければ、その後にどんな惨劇が起こりかねないかを充分に理解していたのです。

絶対に占守島でソ連軍を食い止めなければならない。そう考えていたのは、樋口だけではありませんでした。

「故郷に帰ったら、何をしようか」

八月十五日の玉音《ぎょくおん》放送後、第九十一師団の指揮下にあった占守島の将兵たちは、酒を酌《く》み交わしながら談笑していたといいます。懐かしい故郷に帰り、家族に再会できるのを心待ちにしていたことでしょう。しかし彼らは、手が届きかけていた安穏《あんのん》な暮らしを脇に置き、再び武器を手に取りました。

占守島の日本軍の中核が、精鋭として知られた戦車第十一連隊です。彼らは「十一」という漢数字と「士」という文字の連想から、「士魂《しこん》部隊」と呼ばれました。とはいえ、終戦の報《しら》せと武装解除命令で、ガソリンも半分ほどは地中に埋めてしまい、車輌も長時間の暖機《だんき》運転が必要で、出撃までに時間を要する状況でした。前日には「戦車を海に捨てようか」と話していたような状況ですから、無理もありません。

それでも、兵士たちは寸刻《すんこく》を争う中、懸命に出撃準備を進めました。そして戦車第十一連隊は十八日午前四時に出撃し、ソ連軍を次々と撃破。「精鋭・士魂部隊」の名に恥じぬ奮闘を続け、戦局を逆転させるのです。中には十代の少年兵もおり、爆弾を抱いて敵陣に突っ込んだ兵士もいました。自らの命を犠牲にしてでも、日本に暮らす人たちを、大切な家族を守る。その想いのもと、彼らは軍人としての本分をあくまで全《まっと》うしようとしたのです。

戦車第十一連隊において、池田末男《いけだすえお》連隊長の存在は大きなものでした。次のような話があります。池田は下着の洗濯や入浴など身の回りのことはすべて自分で行ない、恐縮する当番兵に「お前たちは私ではなく、国に仕えているのだ」と語りました。学徒兵には「貴様たちは、得た知識を国のために活かすのが使命だ。自分たち軍人とは立場が違う」と語ったといいます。

池田は十八日早朝の出撃に際して、

「我々は大詔《たいしょう》を奉《ほう》じ家郷《かきょう》に帰る日を胸にひたすら終戦業務に努めてきた。しかし、ことここに到った。もはや降魔《ごうま》の剣を振るうほかはない」

と訓示を述べました。自分たちが「民族の防波堤になる」とも語り掛けたそうです。心の底から信頼を寄せる池田の言葉に、奮い立たない将兵はいませんでした。池田は占守島の戦いで常に先頭に立ち、戦車の上に跨《また》がって指揮を執り、奮戦の後に斃《たお》れました。しかし、戦車第十一連隊の面々は連隊長を失ってもなお勇戦を続け、その結果、ソ連軍は「簡単に抜ける」と思っていた占守島で追い詰められ、日本軍の精強ぶりに驚きました。ソ連軍が侵攻を開始してから四日後の八月二十二日、両軍は停戦協定を締結。樋口や池田、そして占守島の日本軍将兵すべての覚悟と奮戦が、ソ連軍の侵攻を見事に撥《は》ね返したのです。死傷者は、日本軍約八百名ほどに対して、ソ連軍は二千三百名を超えました（諸説あり）。

私はこれまで、先の大戦で戦場に立たれた元将兵の方々から様々な話を伺ってきましたが、多くの方が「戦争に対する怨《うら》みはある。ただ、私たちは日本人としての誇りをもって戦い、自分たちの国を守った自負もある」といった主旨の言葉を、時には涙を零《こぼ》しながら語ってくれました。占守島の将兵も、まさしく同じ想いであったでしょう。

「尼港事件」の記憶

さて、もう一つ忘れてはならないのが、ソ連軍が北方で不法侵攻を仕掛けた地は占守島だけではなかったという事実です。

八月十一日、ソ連軍は占守島に先立ち、日本領南樺太への侵攻を開始しました。樺太は千島列島以上に民間人が多く、戦時中は四十万人ほどが居住していたと記録されています。日本軍守備隊は民間人を避難させながらソ連軍と戦いましたが、残念ながら約四千人もの無辜《むこ》の人々が犠牲となりました。

樺太では、「女性たちの集団自決」という痛ましい出来事も起こりました。真岡《まおか》郵便電信局の電話交換手のうち、九名が局内で服毒自殺を遂げたのです。映画「樺太1945年夏　氷雪《ひょうせつ》の門」の題材にもなっていますが、昭和四十九年（一九七四）の映画公開にあたっては、各方面から圧力がかかって上映館が縮小されたともいわれ、残念ながら多くの人々の目に触れる機会がなく、今に至るまで史実が充分に知られているとはいえません。

この真岡郵便局の話以上に語られてこなかったのが、樺太・恵須取町《えすとる》で起きた大平《たいへい》炭坑病院看護婦の集団自決です。八月十六日、恵須取にソ連軍の空襲が始まり、被害者が次々と病院に運び込まれると「『戦争は終わったはずなのに』と思いながらも目の前の救急活動に追われた」と看護婦の片山寿美《かたやますみ》さん（戦後、鳴海《なるみ》に改姓）は私に語りました。迫りくるソ連軍を前に、看護婦たちは「最後まで、自分たちの職務を全うしましょう」と、ギリギリまで看護活動を続けたといいます。そして逃げ遅れた彼女たちは、「ソ連兵に見つかったら何をされるか分からない」と考え、自ら命を絶《た》つ決断を下すのです。手首を切った片山さんは幸い朦朧《もうろう》としたところで救助されましたが、二十三名のうち六名が命を落としました。

なにも自決することはなかったのではないか。私たちが戦後の物差しで、そう語ることは簡単です。しかし、彼女たちの脳裡《のうり》には一九二〇年、アムール川河口の港町ニコラエフスクの日本人居留民が、ロシア人を主とする共産パルチザンに筆舌《ひつぜつ》に尽くしがたいほどの酷《ひど》い凌辱《りょうじょく》を受けた事件が強い印象としてありました（尼港《にこう》事件）。ソ連兵の「実態」をよく聞いて育った彼女たちが下した選択を、私たちが軽々《けいけい》に論ずることはできないでしょう。

※　※　※

占守島で戦った将兵や、樺太の女性たちに通じるもの。それは、与えられた職務に誇りを持ち、自分のためではなく人のために行動を全うしたということに他なりません。そして、占守島に日本の「防波堤」となった者たちがいたからこそ、私たちは今の暮らしを享受できているのです。依然、解決を見ない北方領土問題はもちろん、現代の日本の安全保障を考察する上でも、占守島の戦いは極めて重要な意味を持つのです。

昭和二十年八月、北方の島々で何が起きたのか。沖縄戦などと比べても戦後、あまりに伝えられてきませんでした。「忘れられた戦場」の事実を知り、将兵たちのありのままの姿を

「史実」として語り継ぐことは、決して軍国主義の肯定でも、戦争の美化でもありません。占守島で戦った日本人に感謝の念を持って謙虚に頭《こうべ》を垂《た》れ、次世代へと歴史を語り継ぐことこそが、「戦後七十年」を経て「ポスト戦後七十年」を迎えた現在、私たちに必要な態度ではないでしょうか。

（談）

第十二章

「終戦の聖断」が八月十四日に下された実相

古川隆久

憲法に内在していた矛盾

太平洋戦争の終戦は、昭和天皇の「聖断《せいだん》」によって実現した。

とはいうものの、もっと早く終戦を実現できなかったのか、あるいは、「聖断」を下した戦前の天皇はいかなる存在だったのかと、疑問がわく人もいるだろう。

ここでは、戦前における天皇という存在、昭和天皇の戦争への対応と、終戦後の決断について、考えていきたい。

大日本帝国憲法の第一条では、「大日本帝国は万世一系《ばんせいいっけい》の天皇之《これ》を統治す」とある。万世一系とあることが特徴で、それはつまり、特別な人が統治しているということを示している。

伊藤博文《ひろぶみ》の名で出版された憲法解説書『憲法義解《ぎかい》』にも、天皇と臣民《しんみん》はまったく別で、天皇は絶対的な存在とされている。

天皇は、今日の我々の想像を超える絶対的な権力者だったのである。

だが、実際に物ごとを進めていく段取りとしては、憲法の規定上、議会の承認や内閣の助言が必要とされる場合もある。

ここで、二通りの憲法解釈が出てくる。「天皇は、段取りを飛ばして決めてもいい」とするものと、「段取りが大事で、天皇はその段取りに拘束《こうそく》される」というものだ。後者は、天皇を内閣他から輔弼《ほひつ》を受ける最高機関とする、天皇機関説である。

しかし昭和十年（一九三五）、天皇機関説問題が起こり、政府は天皇機関説を事実上禁止する声明を出す。それ以降、前者の解釈がスタンダードとなり、天皇は絶対的な権力を持つ存在以外ではなくなった。

もっとも、それは建前で、実際には天皇が全てをひとりで勝手に決めるわけではない。憲法解釈上、天皇は議会の決定を受けいれるか否《いな》か判断できるが、実際に昭和天皇が議会の決定を否定したことは一度もなく、誰にも相談せずに何かを判断したこともない。

なぜ、明治・大正期には問題にならなかったことが、昭和に表面化したのか。

国内では政党政治が国民の信用を失い、対外的には軍縮《ぐんしゅく》の破綻《はたん》や、満洲《まんしゅう》をめぐる日中関係の悪化もあり、協調外交ではやっていけないとの認識が強まっていた。

特に陸軍は、内閣が主導権を握っていては中国の動きに対応ができない、と見ていた。軍人勅諭《ちょくゆ》によって天皇に直属するとされた陸軍としては、天皇が絶対的な権力を持つという解釈のほうが良いと考えたのだろう。

国内外の問題が重なることで、憲法に内在していた矛盾《むじゅん》が、一気に噴出《ふんしゅつ》したのである。

「生身の天皇」と「理想の天皇」

天皇機関説は否定されたわけだが、昭和天皇自身は、この頃の情勢をどのように見ていたのだろうか。

立憲君主的な天皇像を理想とする昭和天皇は、天皇機関説に近い考えを持っていたことから、機関説問題では側近に不満を漏《も》らすこともあった。

政治面では、政党政治が健全に発展することを期待し、外交面では国際協調を望み、軍部の独走を良しとしていなかった。

そのため、昭和六年（一九三一）に起きた満洲事変では、首相と陸相に不拡大の方針を示しているし、昭和十一年（一九三六）の二・二六事件では、陸軍の責任を問い、叱責《しっせき》する内容の勅語《ちょくご》を出そうとした。

それでも、満洲事変は拡大を続け、二・二六事件後の勅語にいたっては、陸軍全体に伝達されるべきところ、高級司令官にしか伝えられなかった。陸軍は、天皇から叱責されたという不名誉を、組織ぐるみで隠蔽《いんぺい》してしまったのである。

天皇機関説が否定され、天皇は絶対的な存在とされた。しかも、天皇を大元帥《だいげんすい》（最高司令官）と仰《あお》ぐ陸軍であれば、その命令は絶対であるはずだ。にもかかわらず、陸軍が天皇の考えに従おうとしなかったのはなぜか。

それを解く鍵は、「生身の天皇」と「理想の天皇」を分けて考えることができるという事実だ。

陸軍の強硬派、積極派の人々には、「理想の天皇像」があった。天皇は世界に冠《かん》たる存在で、相手に妥協するようなことはあってはならない、といった考えだ。

そうした彼らにとって、協調外交を支持する昭和天皇は、理想の天皇像に合致しないように見えたのである。

実際、満洲事変の頃には、陸軍の一部に弟の秩父宮《ちちぶのみや》を天皇に擁立《ようりつ》する構想すら生まれた。

終戦時にも、ポツダム宣言受諾《じゅだく》に反対する陸軍の一派が、昭和天皇の監禁を試み、厚木《あつぎ》の海軍航空隊は停戦命令に反抗した。

そこには、自分たちの理想の天皇像と異なれば、現実の天皇を天皇として認めないとの姿勢が見て取れる。

陸軍は天皇機関説を否定しながら、彼ら自身は天皇機関説的に、天皇の権威を利用していた。実際、昭和天皇は「自分の意志に悖《もと》る事を勝手に為《な》すは即《すなわ》ち、朕《ちん》を機関説扱《あつかい》と為すもの」と、批判を述べている。

しかしなぜ、陸軍はそれほどまでに理想の天皇像を強く抱いていたのだろうか。

陸軍の将校は陸軍士官学校、海軍の将校は海軍兵学校で養成されるが、両校の卒業式には天皇が臨席《りんせき》する。当然、自分たちは天皇と直結しているというプライドが育《はぐく》まれる。

将校は社会的な地位は比較的高いものの、俸給《ほうきゅう》はさほど高いわけではない。高給を得るよりも、天皇に直結し、天皇のために命を投げ出す覚悟があることが、彼らのプライドであった。だからこそ、天皇が妥協的な態度を示すことを許せなかったのである。

そうした陸軍の姿勢が垣間《かいま》見える問題が、昭和十年に起きている。満洲国皇帝・溥儀《ふぎ》が来日するが、観兵式の際、陸軍は皇帝に最敬礼しなかった。これは国際慣例に反するが、陸軍は天皇以外に敬礼すると軍隊が崩壊するとして、方針を変えなかったのである。

こうした陸軍を抑えるのは、なかなか難しかったはずだ。日中戦争の直前、中国との関係悪化を心配した昭和天皇は、事態打開のために御前会議を開こうとしている。

しかし元老の西園寺公望《さいおんじきんもち》らは、御前会議をもってしても陸軍の意思を変えることはできず、かえって大変なことになると反対した。

御前会議でも陸軍を抑えられないというのが、政界の常識だったのである。

昭和天皇が終戦を意識したのはいつか

そういう状況の中、昭和天皇は太平洋戦争にどのように対応していったのだろうか。

そもそも昭和天皇は、外交交渉でアメリカとの戦争を回避しようという考えだった。

だが、アメリカは中国から撤退しなければ経済制裁をするとの構えで、陸軍も中国からは絶対撤退しないという姿勢を見せた。

こうしたことから、昭和天皇は最後には開戦もやむを得ないと判断した。

なお、開戦は御前会議で決定したため、天皇の責任がクローズアップされることがある。

立憲君主国のイギリスでは、内閣の下に軍が位置づけられ、内閣が全てを決め、イギリス王室は形式上、それを認めるだけであった。

それに対して日本では、軍は内閣ではなく天皇に直属する。だから開戦を決めるにも、御前会議を開かなければならなかった。そうした仕組みの違いが、天皇の責任論に影響したのである。

もっとも、昭和天皇は戦争に反対していたとはいえ、いざ開戦となると、無関係でいたわけではない。

専門的な軍事教育を受けていた天皇は、軍の作戦についてよく理解した上で裁可《さいか》していたのである。そのため軍も、天皇の理解が得られるよう、準備を整えてから報告していた。

こうした姿勢は、それまでの平和主義と矛盾するものではない。大元帥でもある天皇として、戦争となった以上、日本が有利に戦いを進められるよう努めるのは、当然のことだからだ。

それでは、昭和天皇が戦争の終わりを意識したのは、いつ頃からだろうか。

昭和十九年（一九四四）七月、サイパンが陥落《かんらく》すると、日本の勝ち目がなくなったことが政府や軍の首脳のみならず天皇にも明白となった。

ただこの段階では、同盟国ドイツがまだ戦っていたこともあり、昭和天皇は、有利な形で戦争をおさめる方法を模索《もさく》していた。

ところが、昭和二十年（一九四五）四月頃にドイツの降伏が確実となると、早期講和を考えるようになり、さらに沖縄戦が終わる六月頃には、無条件降伏もやむなしとの方向に向かっていく。その一方で、ソ連の仲介《ちゅうかい》による和平も視野に入れていた。

そうした中、昭和二十年七月二十六日、米英中が日本に即時無条件降伏を迫る、いわゆるポツダム宣言が出される。

日本はそれでもソ連に和平交渉仲介を求め続けるが、八月六日と九日に原子爆弾が投下され、九日にはソ連が日ソ中立条約を破棄《はき》して、対日参戦した。

こうした状況を受け、昭和天皇による「聖断」にいたる。

終戦後、退位を視野に入れていた

聖断への具体的な段取りは、天皇の側近である木戸幸一《きどこういち》が進めた。だが昭和天皇も、軍が天皇に直属する以上、最後は自分の決断がなければ、事態を収拾できないと考えていたと思われる。

聖断に関しては、もっと早くに実現できなかったのかという声もある。

しかし昭和天皇を含め、政界関係者が恐れたのは、陸軍全体が言うことを聞かない状況に陥《おちい》ることだった。そうした危険性があったことは、これまでの経緯を見ても明らかだ。戦局などを鑑《かんが》みて、昭和天皇の決断が有効に機能するとみなされたのが、あのタイミングだった。しかし、日本の戦死者の多くがサイパン陥落以後だったことを考えると言い訳にはならない。

この問題の本質は、天皇を絶対化したり、統帥《とうすい》権を独立させたりした戦前の日本国家の体質にあった。東條英機《とうじょうひでき》でさえ、統帥権の独立について、問題があったとしているほどだ。

なお聖断の際、昭和天皇が「自分は如何《いか》になろうとも万民の生命を助けたい」と述べたことが知られている。これは国務大臣兼情報局総裁だった下村宏《しもむらひろし》が記したものだが、他の記録にはなく、事実ではない。

しかし現実に、昭和天皇はテロや内乱が起こる危険性を知りながらも、即時終戦を決断した。下村が記した発言はなかったとしても、当時の昭和天皇の置かれた状況を、端的《たんてき》に示したものといえよう。

戦争に関して、昭和天皇が自分自身にも責任があると考えていたことは、側近たちへの発言からも明らかである。

戦後、世論においても、責任を取るために退位すべきだとの議論が出て、昭和天皇自身も退位を視野に入れていた。

留位すれば責任が問われ続けることは明らかであり、また、自分が退位することで、部下たちが救えるならばと考えたのである。

しかし最終的には、昭和二十三年（一九四八）十一月、留位の道を選ぶ。

国内では、退位が皇室廃止に繋がることが危惧《きぐ》され、またアメリカも、留位したほうが占領統治と民主化を進めやすいと考えていた。

こうしたことから、昭和天皇は批判を覚悟で、留位を決断したのだ。日本の政治的安定と戦後復興に寄与することで、戦争に関する責任を取ろうとしたのである。

いずれにせよ、昭和二十一年（一九四六）、象徴天皇制を定めた日本国憲法が公布され、天皇のあり方は大きく変わった。

それが、開戦から終戦にいたるまでの経緯が考慮されたものであることは間違いない。そうして生まれた象徴天皇制のもとで、どのような政治のあり方が望ましいのか。それは、現代の我々が考え続けていかなければならないことである。

第十二章

東京裁判で重光葵がA級戦犯にされた理由

中西輝政

「戦争裁判」を世界史的にどう評価すべきか

「この裁判は、史上最悪の偽善《ぎぜん》だった。こんな裁判が行なわれたので、私は息子に、軍人になることを禁止するつもりだ」

戦後、ＧＨＱ（連合国軍最高司令官総司令部）でダグラス・マッカーサーの片腕だったチャールズ・ウィロビーは、こう述べたといいます。

ウィロビーが語る「この裁判」とは、終戦翌年の昭和二十一年（一九四六）五月から同二十三年（一九四八）十一月にかけて行なわれた、東京裁判のことです。

東京裁判の正当性や妥当性《だとうせい》については、日本のみならず、国外からも疑問が呈《てい》され続けてきました。その一方で、

「東京裁判によって侵略戦争が裁《さば》かれたからこそ、その後の世界平和がもたらされたのだ」

という論調も、時に見受けられます。

今なお様々な議論が交《か》わされている東京裁判ですが、いずれにせよ、日本の現代史において今なお極めて重要なテーマであるということは、誰もが頷《うなず》くところでしょう。

東京裁判の正式名称は、「極東国際軍事裁判」。第二次世界大戦に勝利した十一カ国が敗戦国・日本の「戦争犯罪人」を裁いた、軍事裁判です。

ドイツでもニュルンベルク裁判が行なわれましたが、そもそも戦勝国が敗戦国の政治指導者を裁くこうした戦争裁判自体、世界史的にどう評価すべきなのでしょうか。

実は、イギリスなどは当初、第二次大戦後にこうした戦争裁判を開くこと自体に否定的でした。

もちろんイギリスも、ホロコースト（ユダヤ人の大量虐殺《ぎゃくさつ》）を主導したナチスドイツの指導者は処罰《しょばつ》すべきと主張していました。しかしそれは、裁判を通さない行政処分、すなわち戦争行為としての即決処刑によるべきとしていました。

理由は、イギリスが「裁判というものが孕《はら》む巨大なリスク」を分かっていたからです。

そこには、第一次大戦後にドイツを処罰しようとして、結局、失敗した「ライプツィッヒ裁判」の苦《にが》い経験があり、さらにイギリスには、もう一つの反面教師もありました。それは、二十世紀初頭の「ボーア戦争」です。

南アフリカの制圧に乗り出したイギリスは、戦後、自分たちの残虐《ざんぎゃく》行為を棚《たな》に上げて、敗戦国のボーア人に対して裁判を企図《きと》。結果、現地民は大反発、南アは大混乱に陥《おちい》りました。

勝者が「己の正義」を貫徹《かんてつ》しようとするならば、戦後の平和は危《あや》うくなる――。これが、イギリスが得た歴史の教訓でした。

一方、近代史を紐解《ひもと》くと、イギリスは見事な「戦後平和の構築」も行なっています。ナポレオン戦争後に開かれた、一八一四～五年のウィーン会議です。

ナポレオン戦争では、四百万人ともいわれる人命が犠牲《ぎせい》になりました。責任の大半は、「東京裁判風」に言えば、ヨーロッパ全土を侵略したナポレオン・ボナパルトのフランスにありました。では、ナポレオンが死刑にされたかといえば、「島流し」のみ。あれほどの一大侵略戦争を巻き起こしながらも天寿《てんじゅ》を全《まっと》うしており、処刑されたのは、「残虐行為」を主導したとされたミシェル・ネイ元帥《げんすい》など僅《わず》かでした。

戦争が終われば、双方の相互理解を深めて、二度と戦争が起こらないようにしよう――。悲惨《ひさん》な宗教戦争の経験を経て、そんな風潮が当時のヨーロッパでは生まれていました。「けじめ」として賠償金のやり取りはしても、極力、敗戦国を痛めつけず、戦後秩序《ちつじょ》の再建には、対等の立場で参加させ、国として生き延びさせる。「緩《ゆる》やかな寛容《かんよう》さを備《そな》えた外交」により、国際社会のバランス・オブ・パワーを成り立たせ、少しでも永《なが》い平和を築こうとしたのです。

これがいわゆる、「ウィーン体制」です。ヨーロッパではナポレオン戦争以降の約百年、大きな戦争は起きていません。これは、ウィーン体制がもたらした「稀有《けう》な国際秩序の成功例」に他なりません。

アメリカの未熟さとソ連の野心

イギリスは、こうした両面からの歴史経験から、世界史に汚点《おてん》を残しかねないことを恐れ、第二次大戦後に裁判を開くべきでないと考えました。

しかし、ここで登場するのが、二つの不寛容《ふかんよう》な大国です。

一つは言わずもがな、アメリカです。彼らは改めて、今や世界帝国となった自分たちの「正義」を、世界に標榜《ひょうぼう》したいと考えました。

それは、アメリカの国内対策でもありました。アメリカ政府はマスメディアを用いて、戦時中、ドイツや日本の指導者がいかに「極悪非道《ごくあくひどう》の侵略者」であるか、国民に訴え続けました。そうして掲《かか》げた旗を、戦争が終わったからといって下げれば、政権にとって大きな不安定要素となります。

そこに乗っかったのが、もう一つの大国、ソ連でした。当時のソ連の狙《ねら》いはただ一つ、共産主義革命で世界を覆《おお》い尽くすことです。

ソ連からすれば、裁判に拘《こだわ》るアメリカを見て、「アメリカに裁判をやらせれば、世界はまだ混乱するから、その隙《すき》に、共産主義を拡げる余地《よち》があるぞ」と考えたはず。結果、東京裁判が幕を閉じる一九四八年には、ポーランド、チェコスロヴァキア、そしてルーマニアやブルガリアなどで、共産主義政権が次々と誕生します。

もしもアメリカが成熟した本来の「世界帝国」であったならば、裁判という禍根《かこん》を残すかたちは採《と》らなかったでしょう。そんなアメリカのミスが、世界革命というソ連の野心に火を点《つ》け、その後の冷戦に繋がる痛恨事《つうこんじ》となります。

冒頭でも紹介したように、東京裁判を経て世界には平和が訪れた、とする向きがありますが、私には「本当でしょうか」という深い疑念が拭《ぬぐ》えません。

東京裁判のあとに始まった米ソの冷戦中には、世界中で三千万人以上ともいわれる人命が失われました。朝鮮戦争やベトナム戦争をはじめ、各地で米ソの代理戦争が起き、結果、二つの世界大戦に匹敵する、あるいはそれ以上の多くの人命が失われ、世界中に大混乱を来《きた》しました。

「侵略戦争」を裁くと称する戦争裁判の「大いなる過《あやま》ち」が、戦後の打ち続く混乱を生んだ。これが、世界史的観点から見れば疑いようのない事実なのです。

一九四五年八月八日、「平和に対する罪」という事後法がつくられた

ここまで、「戦争裁判」というかたちで、東京裁判とニュルンベルク裁判を、ひとくくりで論じてきました。しかし、両者を同じように捉《とら》えるのは、戦後日本が苛《さいな》まれ続けた「悲劇」の繰り返しに他なりません。

実際、両者には多くの違いがありますが、一つは、ニュルンベルク裁判は英米ソの三カ国が主導したのに対して、東京裁判は、アメリカ一国が手綱《たづな》を引いていた点です。

これは、日本とドイツの占領体制の違いにも表われています。ドイツが、先の三カ国にフ

ランスを加えた四カ国によって分割占領されたのに対して、日本はアメリカの単独占領。東京裁判がニュルンベルク裁判以上に、アメリカの価値観や思惑《おもわく》が強く反映される苛酷《かこく》な裁判になったのは、自然な流れでした。

また、ニュルンベルク裁判には、ホロコーストという、人間が人間である限り、裁かなければならない「人類悪」と言うべきテーマがありました。その点において、あの裁判には幾《いく》ばくかの正義があったのは事実です。

しかし東京裁判においては、日独共通とされるようなメルクマール、すなわち「人道に対する罪」にあたる残虐行為は、いくら探してもありませんでした。

昨今、叫ばれている「南京事件《ナンキン》」も、確かに何らかの軍規に違反する行為があったということは事実でしょう。しかし、大虐殺があったなどとは、少なくとも裁判の開始時までは、日本側では誰も指摘《してき》されていませんでした。

このままでは、日本の指導者を裁く大義名分がない――。そんな中、終戦直前の一九四五年八月八日、アメリカ主導で、ロンドン協定が締結されました。

協定には、戦争犯罪人を裁くための「国際軍事裁判所憲章」が附属され、捕虜虐待《ほりよぎやくたい》など通例の戦争犯罪以外に、戦争を計画・実行した者を裁ける「平和に対する罪」という、新たな戦争犯罪類型が確立されました。

こうして、ナチスのホロコーストのような「人類悪」は一切犯《おか》していない日本の指導者も裁ける法律ができあがったわけですが、法は不遡及《ふそきゅう》、つまり、その法の制定以前に行なわれた行為に遡《さかのぼ》って適用されないというのは、大原則です。ところが、「平和に対する罪」は、開戦後に定められた、いわゆる事後法の典型でした。これが今も指摘され続けている、東京裁判の最大の問題点です。

さらに私が強調したいのが、国際軍事裁判所憲章が、一九二八年のパリ不戦条約を根拠法にしている、という点です。

パリ不戦条約は、「国際紛争の解決の手段すなわち自衛以外に国家の政策として戦争はしない」「一切の紛争解決は平和的手段に依《よ》るべき」としていますが、法解釈上、何の罰則も設《もう》けられておらず、しかもアメリカやイギリスには「植民地などで武力行使しても問題にしない」などの留保《りゅうほ》が付けられています。しかし、どういうわけか、日本には同じような留保は付けられていません。

パリ不戦条約とはそもそも、一般的な原則や精神を謳《うた》ったもので、国家指導者個人を処罰する法的根拠には、到底、なり得ません。しかしアメリカは不戦条約の〝精神〟を悪用し、東京裁判を開いて、事後法である「平和に対する罪」、つまり日本は「侵略戦争」を行なったとして日本の指導者を裁くという、法的には破天荒《はてんこう》な試みに走ったのです。

連合国にとって「厄介な男」

そんな東京裁判においては、東條英機《とうじょうひでき》や広田弘毅《こうき》など首相経験者を始め、二十八人ものリーダーたちが、いわゆる「A級戦犯」として裁かれました。

その中にあって、今日《こんにち》の日本人が最も注目すべきなのが、重光葵《しげみつまもる》です。というのも、重光がなぜ、A級戦犯に指定されたかを見れば、戦後日本が隠し続けた「あの戦争」と東京裁判の本質が見えてくるからです。

重光と言えば、戦時中に外相を務めていたほか、敗戦直後に再び外相に就《つ》き、政府全権として、米国戦艦・ミズーリ号甲板《かんぱん》で降伏文書に署名したことで知られます。

ところが、この一週間後の昭和二十年九月十一日、アメリカの憲兵がいきなり個人の家にまで押しかけ、直接、東條英機を捕まえました。日本が自ら進んでスムーズに武装解除したから、アメリカはポツダム宣言を無視して、むき出しの軍事力を使って戦争裁判の被告となるべき人物を引っ張ろうとしたわけです。

つまり、連合国が提示した「ポツダム宣言」という降伏条件を受諾《じゅだく》した日本政府は、ドイツのような国家の崩壊に伴った無条件降伏をしたわけではありません。裁判を開くにしても、アメリカは同宣言によって行政主体として存在を認められている日本政府の手を一切介《かい》さずに、一方的に戦争犯罪人を逮捕・拘束《こうそく》することはできないはずでした。

この時、あくまで筋《すじ》を通して、強硬《きょうこう》に抗議したのが重光外相でした。驚くべきことに、重光は同時に、「ポツダム宣言に則《のっと》れば、日本は自分の手で裁判を行なうことができる」と主張し、昭和天皇に上奏《じょうそう》しています。

重光とて、長い外交官としての経験からもはや武装を解除した日本がどんな正論を主張しても、それをアメリカが呑《の》むわけがないことは十二分にわきまえていました。それでも、占領されるにあたって「たとえ敗戦したとしても、主権国家としての威信を保つため、言うべきことを言う」ことの大切さとその意義を、彼は十分に分かっていたからです。

しかしアメリカからすれば、そんな重光は終始、「目の上のたんこぶ」以外の何物でもありません。それゆえ、重光を外相の座から追いだすことを目的の一つとして、東久邇宮《ひがしくにのみや》内閣を総辞職させ、代わって幣原喜重郎《しではらきじゅうろう》首相、吉田茂《しげる》外相という親米一色の内閣をつくらせたのです。

アメリカが重光を警戒した理由は、他にもあります。決定的だったのが、重光が主導した、昭和十八年（一九四三）十一月の「大東亜会議」です。

この時、日本は東京で一堂《いちどう》に会したフィリピンやビルマ、インド、タイなどのアジア各国の国政最高責任者を前に、対米英開戦の正義――すなわち、欧米の植民地統治からの「アジアの解放」と、諸国の独立という理念を切々《せつせつ》と訴えました。

しかしこれは、アメリカのみならず、連合国側からすれば、絶対に認めることのできない、また徹頭徹尾《てっとうてつび》、否定したい「忌《い》むべき反欧米の主張」でした。その後、重光は昭和二十年四月に外相を退《しりぞ》きますが、前述のように戦後、再び返り咲きます。「厄介《やっかい》な男が戻ってきた」「こいつだけは許せない」というのが連合国側の統一見解だったでしょう。

「平和の使徒」に下された禁固七年の判決

こうして外相を更迭《こうてつ》された重光は、大方の予測を裏切り、「Ａ級戦犯」に指定されます。しかもそれは、昭和二十一年四月下旬、開廷直前での逮捕・追加指定でした。そこにはアメリカやソ連、さらに近年では、中国の意向も強く働いた、とも言われています。つまり、連合国こぞっての一致した「日本の正義」への圧殺の試み、と言えるでしょう。

いずれにせよ、重光の訴追《そつい》には、日本人の間では多くの驚きの声があがったといいます。「平和を犯した」と断じるだけの事実はなく、むしろ、重光ほど平和を希求《ききゅう》し続けた男はいない、というのが一般的な評価だったからです。

紙幅《しふく》の都合上、ここでは代表的な例のみを挙げますが、まず、昭和六年（一九三一）四月、満洲《まんしゅう》事変の五カ月前に、重光は幣原喜重郎外相のもとを訪ねました。

当時はまだ中国公使館の代理公使という立場でしたが、「このままでは日中は武力衝突する」と大変に危惧《きぐ》し、日本の立場の正当性を世界に訴えた上で、外相が先頭に立って軍部の暴発を押さえ、その間に強い立場から中国とも話し合い、排日《はいにち》運動を抑えて満洲問題の解決を図《はか》るべきだ――。そう、幣原に迫りました。

昭和天皇も含めた〝オールジャパン〟で満洲問題を平和裏に解決すべき、というのが重光の持論でした。

国際法に則った満洲の権益は保持し、中国側にも現実的な妥協を促して武力衝突を避ける。まさに、日本の良心を代表した、「平和の使徒」と言うべき行動でした。

これは、重光が現実主義を備えていたとともに、日本の国益を真摯《しんし》に考え、一身《いっしん》を賭《と》してでも、それを守ろうとする覚悟と信念の持ち主であったことを表わしています。実際、日本の近代史上、重光は小村寿太郎《じゅたろう》などと比肩《ひけん》しうる稀有な外交官であった、と評しても過言ではないと思います。

その重光は、昭和七年（一九三二）に上海《シャンハイ》で爆弾テロに遭《あ》って片足を失いながら、その後もソ連大使、英国大使、外相などの激務に耐え続け、戦後はミズーリ号での調印式、そして東京裁判に臨み堂々と「無罪」の主張を展開します。

しかし東京裁判で重光に下された判決は禁固《きんこ》七年という、全員死刑を含む有罪となった「A級戦犯」の中では最も軽い量刑でしたが、また諸外国のメディアも重光にはこぞって

「無罪」を予測していた中では、異例の強硬な判決でした。アメリカの一部やソ連の側に、「何としても、あの憎らしい重光を有罪にせよ」との意向があったことは確かでしょう。

そんな重光の苦闘の歴史を、戦後を生きる日本人が今、これほどまでに閑却《かんきゃく》していることには、悲しみすら湧《わ》いてくるほどです。

それは、ひとえにいわゆる「東京裁判史観」の戦後日本における定着に因《よ》るのでしょう。評論家の江藤淳《じゅん》の名著『閉された言語空間』の題の通り、戦後はGHQの思惑により、日本人の価値観は築かれました。その中心は、「東京裁判は正しかった」とする歴史観です。

そして連合国に敢然《かんぜん》と日本国の主権を主張し、戦前には平和とともに、日本の「正義」を世界に訴えた重光は、GHQにとっては、まさに封印すべき存在でした。

その意味では、重光という人物をどう評価するかは、いわゆる「東京裁判史観」に囚《とら》われることなく、昭和史をどれだけ透徹《とうてつ》した目で見ることができているか、ということを示す試金石と言えるかもしれません。

※　※　※

「東京裁判を否定したら、日本はもう一度、あの侵略戦争を繰り返すことになる」

こうした刷りこみは、歴史の真実に蓋《ふた》をしてでも、一刻も早く戦争の痛みを忘れたい、そしてアメリカの覇権の下でひたすら豊かさを求めたい、と願った戦後日本人の切ない想いから生まれたのでしょう。その点には、たしかに同情の余地《よち》はあります。

しかし、その後も東京裁判史観に埋没《まいぼつ》し、歴史の真実から目を背《そむ》け続けては、戦争とは何であり、本当の国際正義とは何か、平和を求めるとはどういうことかという、国として、また人として極めて重要なテーマを考えることを放棄し続けることになります。

昭和はとっくに過ぎ、その昭和を引きずった平成の世も終わり令和の新時代を迎えた今、重光葵という、あの戦争における「日本の大義」を文字通り体現した人物を通じて、「アメリカによる、アメリカのための裁判」であった「東京裁判」が、日本と日本人に何を忘れさせてきたのかについて、改めて見つめ直すべき時ではないかと強く思うのです。

第十四章

国を想い、凜として散ったBC級戦犯たちの戦い

福冨健一

マッカーサーを小さく見せた「教養のある非常に魅力的な婦人」

ダグラス・マッカーサー元帥《げんすい》に、毅然《きぜん》と対峙《たいじ》した女性がいた。名は、本間雅晴《ほんままさはる》中将の富士子《ふじこ》夫人。GHQによる六年八カ月もの占領下にあって、多くの日本人がマッカーサーに擦《す》り寄るなか、毅然と立ち向かった日本人の代表は、重光葵《しげみつまもる》とこの本間富士子の二人であろう。

マニラ軍事法廷において、夫の死刑が宣告されてから一カ月後の昭和二十一年（一九四六）三月十一日、富士子はマッカーサーを訪ね、次のような会話がなされた。

「あなたが最後の判決をなさるそうですが、夫の裁判に関する全記録をいただきたい」

「コピーをとってあげましょう。生活に不自由なことがあれば、なんでも援助したい」

「お気持ちだけで結構です」

（『悲劇の将軍・本間雅晴と共に』本間富士子、「文藝春秋」昭和三十九年十一月号）

その時の富士子の様子は、ローレンス・テイラー著『将軍の裁判（A Trial of Generals）』の中で、「本間夫人は、英語を流暢《りゅうちょう》に話し貴族的な洗練《せんれん》された優雅《ゆうが》さを身につけていた」と表現されている。

面会が終わり、彼女はマッカーサーを見つめ、

「どうか奥様によろしく」

と告げた。

マッカーサーは、無言で見送った。マッカーサーの行くところは、必ず母・メリーが付き添ってきた。そうした影響もあってか、彼は「マザコンの将軍」とも呼ばれた。凜《りん》とした富士子の言葉は、そんなマッカーサーという巨人を彼女より小さく見せた。

マッカーサーは、本間に軍人としての敬意を表し絞首刑でなく銃殺刑とし、後に富士子を「教養のある非常に魅力的な婦人」と回想している。

※　※　※

昭和十七年（一九四二）三月十六日夜、バターン半島攻略戦でマッカーサーは、フィリピンのミンダナオ島からＢ-17爆撃機でオーストラリアに敗走する。

マッカーサーはその時、有名な「I shall return」と述べる。取り残された米兵の間で「私はトイレに行きます。アイ・シャル・リターン」というブラックジョークが流行《はや》ったとい

う。

マッカーサーが敵前逃亡したため、米比軍約十万人が捕虜《ほりょ》となる。仮に本間が持久戦に持ち込み捕虜が悉《ことごと》く命を落とせば、マッカーサーは十万人を犠牲にした責任から、間違いなく軍法会議行きであった。

要塞《ようさい》と化したコレヒドール島を攻略するには、バターン半島にいる捕虜たちを砲弾から避難させなくてはならない。米比軍将校の命を救うというマッカーサーのやるべきことを、本間がやったのである。

輸送用のトラックがないため、八十八キロを徒歩で避難させた。従軍記者の経験を持つ作家の伊藤正徳は、この行軍を人道的な「生の行進」であったと述べている。これを後にGHQは、ナチスのホロコーストに比すべき残虐《ざんぎゃく》行為だと宣伝した。


「本間雅晴の妻であることを誇りに思っております」

本間は明治二十一年(一八八八)、佐渡の椎泊《しいどまり》に生まれる。陸軍大学校では、東條英機《とうじょうひでき》や今村均《ひとし》と同期である。

本間中将の裁判は、昭和二十一年一月三日からマニラ法廷で始まり、同年二月十一日、指揮官としての義務を怠《おこた》ったという理由で死刑を宣告。四月三日に執行されている。

裁判が始まって以降、以下のような陳述《ちんじゅつ》が連日、繰り広げられた。

「多くのアメリカ兵が日本兵にひどく打たれました」

「多くのアメリカ兵やフィリピン人、女や男が道で死んでいるのです。たくさん死んでいきました」

このような残虐なシーンが、延々と語られた。当然ながら、本間の首席弁護人スキーン少佐は反論する。

「彼のフィリピンにおける評判はよかったのです。フィリピン群島の民政に彼が見せた公平さと正しさを、高名なフィリピン人たちはしばしば賞賛しました」

しかし、弁護側の主張が正しくても、裁判官が却下《きやっか》すれば反論の余地はない。証人台に立った戦時中報道班の今日出海《こんひでみ》は、スキーン少佐が次のように語ったと記している。

「われわれは本間将軍が極悪非道《ごくあくひどう》な鬼（モンスター）といわれていたのを真《ま》に受けていたが、この一カ月将軍に接して、その人格の崇高《すうこう》さ、立派さに心から打たれました。私たち六人の弁護人は将軍の無罪を固く信じるにいたりました」

二月七日、弁護側証人出廷の最後の日、富士子は証人台に立った。当時の写真を見ると、質素な着物にぎゅっと夏帯《なつおび》を締めた四十二歳の富士子の姿がある。髪をしっかりと束《たば》ね、どこか遠くを見つめ凛と背筋をのばしている。

当時、本間家の前の電柱には「売国奴《ばいこくど》」「国賊《こくぞく》」などの落書きがあり、長女の尚子は、朝早くこの落書きを雑巾《ぞうきん》で必死に拭《ふ》き取ったという。富士子は、本間の無実を最後まで信じていた。夫に尽くすことが富士子の全てであった。

法廷の全ての目が、富士子に注《そそ》がれる。そして富士子は、全身全霊を込めて夫への思いを語った。

「本間は最初からこの戦争に反対しておりました」

「本間はいつもアメリカ、イギリスを研究し、その中で日本がどうしなければならないかを考えておりました。本間は親米派と呼ばれていましたが、当時このような呼び方は人を侮《ぶ》辱《じょく》するものでございました」

弁護人のコーダー大尉が質問する。

「あなたの目に映る本間将軍とはどのような男性であるか、お話しください」

「わたくしは東京からこのマニラへ夫のためにまいりました。私の主人は、アメリカでは人にして人に非《あら》ずと申されているそうでありますが、わたくしは今もなお、本間雅晴の妻であることを誇りに思っております」

そう言って彼女は、弁護側テーブルの向こう側にいる本間を見つめた。本間の目には涙が溢《あふ》れている。

「わたくしに二人の子どもがおります。娘は今十九になりますが、いずれは家庭をもつことになりましょう。その時は本間雅晴のような男性とめぐり合い、結婚することを心から望んでおります。本間雅晴とはそのような人でございます」

富士子の証言に、日本人を〝ジャップ〟と侮蔑《ぶべつ》していたはずの傍聴席《ぼうちょうせき》のあちこちからすすり泣く声が聞こえた。検事もハンカチで目を拭《ぬぐ》っていた。当時の写真を見ると、本間は肩を震《ふる》わせ、ハンカチをクシャクシャにして目を覆《おお》っている。

証言を終え外に出ると、富士子はたちまち多くの人に取り囲まれ握手を求められた。翌日の地元新聞は、富士子への好意の記事をいっせいに掲載した。

「戦友らねむるバタンの山を眺めつつ マニラの土となるもまたよ志」

本間は二月九日、日記に次のように記している。

「妻の証言は、満廷を感動せしめ、何人《なにびと》の証言より強かった。今夜の一時に空路帰るという。もうこの世で会えぬと思うと、名残《なごり》は尽きない。空の旅に弱い妻が飛行機に酔いはしないか心配だ」

と、富士子の乗り物酔いを心配している。

二月十一日の紀元節の日、本間は「銃殺による死刑に処すものである」と宣告された。

マニラの戦犯裁判では、森田正覚《しょうがく》師が山下奉文《ともゆき》大将や本間中将の教誨師《きょうかいし》を務めている。

刑の執行前、本間は正覚師に、

「森田さん、つれづれなるままに作った歌をお聞きください。

栄《さかえ》ゆく御国《みくに》の末を疑はず　心ゆたかに消ゆるわれはも

かねてより捧《ささ》げむ生命今ここに　死所を得たりとほほえみてゆく

戦友《とも》らねむるバタンの山を眺《なが》めつつ　マニラの土となるもまたよ志

今、私の心境は最後の句です。ああ、部下戦友が待っているでしょうね」

と、最後の言葉を遺《のこ》している。天皇陛下《へいか》への万歳三唱《ばんざいさんしょう》をした後、銃殺刑は執行された。

なお、こうした本間夫妻が「動」の世界なら、マニラ裁判で絞首刑になった「マレーの虎」山下奉文大将と妻・久子《ひさこ》は「静」の世界であったと言えるかもしれない。

久子は、沈黙を続けることが武人として死地へ赴《おもむ》く夫を支えることと信じていた。久子は、富士子がマニラに発《た》つとき、

「もはや夫に伝えることは何もありません」

という返事をしている。山下と久子は、山下がフィリピンに向かう年の昭和十九年十月に会ったきりである。そのとき、

「時来れば　古巣にかえる　つばめかな」

という句を久子に残している。これを見て久子は、

「ずいぶん、お優しいんですね」

と、嬉しそうに夫の書いた色紙を目で追った。これが二人の最後の会話だ。戦後の日本の喧騒《けんそう》をよそに、ＢＣ級戦犯裁判に生きた人々の姿は凛として詩人のように美しい——。

「肉体のみが絞首台上に崩れた」

謄写版《とうしゃばん》刷りの『鉄窓の月　戦犯者の信仰記録』という紐《ひも》で綴《と》じた手書きの厚い冊子がある。

巣鴨《すがも》プリズン内で死刑囚の冬至堅太郎《とうじけんたろう》が編集したもので、死刑囚の遺書を綴《つづ》った『世紀の遺書』と同様に、死に直面した戦犯の方々の苦悩《くのう》や心の平安について記している。編者の冬至は、

「戦争犯罪人の烙印《らくいん》を押されて私たちは、納得できない悲運への反抗の心は、ともすれば一方的な裁判に対する憤懣《ふんまん》、あるいは責任を回避した上司への恨《うら》みとなって表われます。しかし、それによって苦しみは癒《いや》されるどころか、一層つのるばかりです。恨みつかれた挙句《あげく》、気づくのは孤独で無力な自分の姿です。この絶望こそ絶対への開眼《かいがん》の刹那《せつな》であり、そこに仏への道を見出すのでした」

と述べている。こんな中、絶望の淵《ふち》にいる受刑者に、仏の道を説《と》く死刑囚がいた。岡田資《たすく》中将である。この謄写本の中で受刑者の北村壽得治は、

「私は岡田資師から法華経《ほっけきょう》をきき、説いていただくことができた。師の下に一日正味《しょうみ》四時間、時の経《へ》るのを忘れて勉強した。時には厳父《げんぷ》の如《ごと》く、時には慈父《じふ》の如く、一切自己のことは忘れて我々のことのみを念頭に、誠をこめられて説いてくださった師のありがたさ」

と、法華経を説く岡田を厳父、慈父と呼んでいる。当時、巣鴨プリズンには死刑囚が八十八名いたが、三十名くらいが岡田の弟子として説法を聞いている。

岡田は、藤田まこと主演の映画『明日への遺言《ゆいごん》』で有名だが、東海方面軍司令官として、無差別爆撃を行なった米軍搭乗員三十八名を斬罪に処していた。

岡田は、横浜法廷での裁判を「法戦」と称し、罪を一心に背負《せお》い、斬罪に関係した部下十九名全員の死刑を回避する。昭和二十三年五月、岡田は横浜法廷で絞首刑の判決を受け、翌年九月十七日、刑が執行される。

岡田は、死を前に妻の温子《あつこ》に、

「温子よ、そなたにはえらいお世話になったね。そなたの誠実と私に対する純愛は、公人としての私を十二分に働かしめた。温子よ、寂《さび》しがらないで、そなたの身にも孫嬢にさえ、私の内在せることを確信して下さい」

と、死後も家族の心の中に生き続けると妻をいたわっている。判決の日、手錠《てじょう》をかけられた岡田は、傍聴席に座る妻・温子にできる限り近づき、

「本望である」

と告げ法廷を去った。

昭和二十四年（一九四九）九月十六日夜半、岡田は教誨師の田嶋隆純《たじまりゅうじゅん》に、

「仏の授けられた最善の道だよ。思いのまま法廷をすませたのだから、それでよいのである」

と、絞首刑になったことを仏が岡田に授けた「最善の道」と述べている。

本間は辞世の句で「死所を得たりとほほえみてゆく」と述べているが、岡田と本間は同じ境地と言えよう。巣鴨の十三階段の部屋に入る前、岡田は田嶋を振り返り、

「いい月ですなあ」

とつぶやいた。閉じられた十三階段のドアの中から「南無妙法蓮華経《なむみょうほうれんげきょう》」と唱《とな》える声が静かに響く。

田嶋は、

「九月十七日午前零時半、氏の肉体のみが絞首台上に崩《くず》れた」

と、岡田の生き方に感嘆《かんたん》している。

※　※　※

本間中将や山下大将、岡田中将の堂々たる裁判の風景、妻や家族、子供たちへ綴った手紙や遺書を読んでいくと、そこに登場する人々が美しくも逞《たくま》しく輝いていることが分かる。筆者自身、調べるほどにその人の思いが自分の体内で蘇《よみがえ》り、逆に励《はげ》まされた。日本人の原風景や家族愛、日本の正統の歴史が蘇るのを感じる。

妻や母、子や家族、友人を想い、そして裁判の不条理をこらえ、「殉国《じゅんこく》の情熱」を秘めて静かに死に赴《おもむ》いていることがわかる。

今なお彼らは、「万里《ばんり》の涯《みぎわ》」から祖国再建を信じ、栄ゆく御国の末を疑わず、私たちに語りかけているのである。合掌《がっしょう》——。

第十五章

フランス代表判事は東京裁判で「反対」判決を出した

大岡優一郎

東京裁判における「多数派」と「少数派」

パル判事vs.その他の判事。

我が国において、東京裁判といえばしばしば、そうした構図の下《もと》で語られる。脚光《きゃっこう》を浴び続けてきたのが、インド代表判事ラダ・ビノード・パルだ。彼の主張は、日本国自体にも無罪を宣《せん》していたかのように解され、「日本無罪論」として、人口に膾炙《かいしゃ》してきた。

一方、パル以外の判事は、すべての者が似たようなスタンスをとる「悪者」であったかのように描かれることもあった。

ところが実際には、パル同様、多数の判事たちと意見を異《こと》にした男がいた。特筆すべきことに、その男はパルに対してすら「過《あやま》ちを犯《おか》している」と唱え、日本人被告団の無罪を主張した。

それが、東京裁判で唯一《ゆいいつ》、「中立」とも言える立場にいたフランス人判事アンリ・ベルナールである。

筆者は二〇一二年に、『東京裁判　フランス人判事の無罪論』というベルナールに関する新書を発表したが、日本はおろか、母国フランスでも、未《いま》だにその知名度は低い。しかし、ベルナールの存在に目を向けずして、東京裁判の真実に迫ることはできない。

※　※　※

東京裁判には、計十一カ国の判事が名を連《つら》ねたが、そこに「多数派」と「少数派」が存在したのはよく知られた事実だろう。

多数派とは、すなわち、アメリカのマイロン・クレイマー、イギリスのウィリアム・パトリック、ソ連のイワン・ザリヤノフ、中国の梅汝璈《ばいじょこう》、カナダのエドワード・マクドゥガル、ニュージーランドのエリマ・ノースクロフト、フィリピンのデルフィン・ハラニーリャの七人の代表判事からなるグループのことである。

彼らは東京裁判の判決の起草《きそう》を率先して行ない、残りの四カ国の判事たちには、その草案に対する個々の意見をほぼ文書という形で求めるだけだった。

こうした歪《いびつ》な状況の中で、世紀の裁判は進行し、判決は用意されたのである。

連合国の正義の立場を貫くためにも、ナチスの被告同様、日本の被告たちも法の下に裁かれなければならない――。

そんな思惑を抱《いだ》く多数派に対して、「平和に対する罪」「人道に対する罪」を遡《さかのぼ》って適用すること（＝事後法）の是非、審理の進め方、さらには歴史事実の認定方法について、本判決とは異なる各々《おのおの》の見解を文書に残したのが、少数派であった。

最も有名なのが、冒頭でも述べたインド代表判事パルであろう。

パルは「インド代表パル判事の判決」という意見書を記し、いわゆる事後法を適用するのは明白な誤りだと指摘した。また、裁判には公平性が不可欠であると高らかに唱えている。

裁判最終日付で意見書を提出したのが、オランダ代表判事ベルナルト・V・A・レーリンクである（意見書の題は「オランダ代表レーリンク判事の意見」）。レーリンクも、パル同様に事後法の裁判への適用などを問題視して、晩年には「東京裁判は勝者による復讐劇《ふくしゅうげき》だ」と語っている。

さらに、裁判長を務めたオーストラリアのウィリアム・ウェッブは、侵略戦争を犯罪とした「ニュルンベルク・ドクトリン」に懐疑《かいぎ》的な態度を示し、日本の降伏文書調印時に存在した犯罪のみを審理の対象にすべきとしていた。そして、「裁判長の別個意見」を、公式判決の読み上げすらも始まらない昭和二十三年（一九四八）十一月一日付で書き上げている。

さて、少数派で紹介する最後の人物がフランスのベルナールであるが、裁判最終日に「極東国際軍事裁判フランス代表判事の反対判決」という意見書を出している。パルさえも使用しなかった「反対＝dissenting」という単語が用いられている点一つをとっても、他の意見書とは明らかに趣《おもむき》が異なることが分かる。

ベルナールは裁判も最終盤に差しかかった昭和二十三年七月二十六日、中国代表の梅判事に送った九枚綴《つづ》りのメモの中で、次のように記している。

「正義は連合国の中にあるのではないし、その連合国の誰もが連合という名の下に、いかなる特別な敬意を受けることができるわけでもないのである」

彼自身、連合国を代表して裁きを行なう身であったはずだ。そんな彼が考えていた「正義」とは、どのようなものであったのか。

「孤高の判事」アンリ・ベルナール

ベルナールが、判断の拠《よ》りどころとしていたもの。それは、「自然法」であった。

自然法とは、さしずめ、明文化はされてはいないが、「人を傷つけない、殺さない、人の物を盗まない」といったように、法以前に存在している社会のルール、とも言うべきものだ。ベルナールは東京裁判においても、自然法に則《のっと》るべきだと考えていたのである。

これなどは、彼が少年期から青年期のほとんどを神学校で過ごした、筋金入りの敬虔《けいけん》なカトリック教徒であったことも強く影響しているのかもしれない。カトリックでは、神の前において、人間の自然な状態を何よりも尊《とうと》いものとする。それゆえ、自然状態を破壊する行為は、裁かれるべきと考えるのだ。

つまり、「平和に対する罪」「人道に対する罪」などが明文法で制定されていようがいまいが、もしも日本が、正当な理由のない戦争、すなわち「侵略戦争」を行ない、東京裁判の被告人たちがそれを主導したのならば、犯罪人として裁かれるべきである――。これが、ベルナールの考えであった。

正直に言えば、筆者自身、ベルナールが多くの手紙やメモで、自然法の重要性をあまりに強く説くのを目の当《ま》たりにし、「彼はどこまで本気で言っているのだろう」と感じた。すでに明文化された法（実定法）を法廷に持ち出すことなく、自然法のみで人を裁くなど、現代も七十年前もありえる話ではない。

もちろん、ベルナールの真意は、今では分かりようもない。もしかしたら、様々な矛盾《むじゅん》が内在する東京裁判に抵抗すべく、あえて自然法を持ち出したのかもしれない。ただ、いずれにせよ、彼が東京裁判に際して、常に自然法を最重要視するスタンスを崩さなかった唯一の判事であることだけは確かなのである。

ベルナールは、パルやレーリンクが事後法の問題点を指摘する姿勢すらも、自然法を顧《かえり》みておらず、法実証主義に囚《とら》われていると批判している。

その意味では、ベルナールは連合国代表判事の中の少数派であっただけではなく、少数派判事の中の少数派、いや、「孤高の判事」であった。

満洲における日本の行為は「正しい戦争」である

そして重要なのが、「自然法によって、侵略戦争は裁ける」と考えていたベルナールですらも、東京裁判の有効性に疑義《ぎぎ》を呈《てい》し、被告席に座るすべての者に、「平和に対する罪」は認められないとした点である。

「平和に対する罪の訴追《そつい》については、被告に確かに罪があるものと認める訳にはいかないという結論に本官は達した」

というのが、ベルナールの最終的な答えであった。同時に彼は死刑にも反対し、また侵略戦争の共同謀議《ぼうぎ》についても否定している。

ベルナールの目には、東京裁判には、正当かつ公正な判断を下すために必要な、信用できる証拠が圧倒的に足りないと映った。加えて、その採用の仕方にも偏《かたよ》りがあるという懸念《けねん》も示している。

「最初にざっと判決草案に目を通してみたが、本官はこの草案が被告人たちにとっては都合の悪い事実だけを含んでおり、また被告人たちにとって都合のよい証拠などは、よく証明されているのにもかかわらず、そこから取り除かれてしまっていると感じている」

これは、ベルナールが多数派による判決草案を読んだ後、全判事に送ったメモの中で述べた言葉である。

そして、ベルナールは満洲《まんしゅう》における日本の行為などは「正しい戦争」であり、侵略戦争にはあたらないと考えていた。

まず、ベルナールは、日本がもともとは正式な条約によって、満洲の利権を獲得したことを理解していた。

そのこと自体に関しては、多数派判事たちも認める向きがあった。しかし彼らは、日本の行動は、利権の保護という名目を逸脱《いつだつ》していたと主張。そんな主張を、真《ま》っ向《こう》から否定したのがベルナールであった。

「我々は、あらゆる大国が自らにとっての『生命線』を自国内ではなく他の国に置いてきたことを了承してきたし、今日でも了承しているではないか。チャーチルはイギリスの生命線をライン河に置いてきたのだ」

ベルナールは、日本が共産主義の拡大に対する防衛基地として満洲を守ろうとしたことは、正当な理由にあたると見なしたのだ。

もちろん、多数派判事——特に中国代表の梅判事などは異論を唱えたが、ベルナールはあくまでも肯《がえ》んじなかった。

日本は「五族共和」の理念を掲《かか》げて、満洲国の樹立へと向かい、やがては「大東亜共栄圏」を大義名分に太平洋戦争に臨《のぞ》んだ。その一方で、ベルナールの母国フランスでも、その植民地と互いの依存関係を深めていくなかで、「フランス版共栄圏」という考え方が吹聴《ふいちょう》されていた。

緊張と混乱が渦《うず》巻《ま》く国際社会において、こうした動きは、日本やフランスに限った話ではなかったのである。

被告たちの行為は「平和に対する罪」にあたらない

ベルナールが異彩を放《はな》っていたのは、「平和に対する罪」などの否定や、満洲事変が侵略戦争ではないとした点だけではない。広島、長崎の無辜《むこ》の民《たみ》への原子爆弾投下に関しても、反対判決書の中で触れているのである。

「たとえば、日本の学者が、一つの地域全体の住民を一挙に絶滅することのできる発見を、ある陸軍将官のたすけによって、利用することを決定し、また実際に利用したという場合に、もしこのような残酷な破壊が陸軍将官の命令に従って、兵士によって行なわれたならば、その学者はその破壊に対して責任がないことになるであろう。それはありえない」

日本を例に論じてはいるが、ここからは自然法に依拠《いきょ》するベルナールが、核兵器の使用という、普遍的な社会・人間に対する犯罪を行なったアメリカを、痛烈《つうれつ》に非難していることが読み取れるだろう。

神が赦《ゆる》しようのない、他に類をみないほどの自然法違反が看過《かんか》されている今、たとえ日本の戦争が「侵略」に見えたところで、その責任のみを追及するのは、彼には理不尽《りふじん》に思えていたに違いないのである。

※　※　※

それにしても、ベルナールは、なぜパルとは異なり、これまでほとんど顧みられてこなかったのか。それは、彼が昭和天皇の戦争責任を「明らかに追及し得るもの」と主張していたことにもよるのかもしれない。

「天皇は、軍に対するコントロールを行なうことにおいて、また政府とともに軍に対する調整を行なうことにおいて、自らの権力を行使しなかったことを非難され得る」

と、ベルナールはメモに記している。

こうしたベルナールの主張には、様々な見方が存在するだろう。しかし筆者は、それを差し引いても、ベルナールの言葉には耳を傾ける価値があると考える。

パルは、事後法か否《いな》かという点を問題にするなど、実定法に寄り添いつつ、東京裁判の矛盾を指摘した。しかし実定法とは、時間や空間によって姿を変える可能性があり、「絶対的」な判断基準にはなりえない。パルの論理でいえば、もしも、法律さえ事前に定められていれば、日本の被告たちは侵略戦争を主導した「裁くべき相手」になっていたはずだ。

しかしベルナールは、いずれにも拠らない中立の立場から、自然法という彼が信じる絶対的な判断基準によって、日本の被告たちによる行為は「平和に対する罪」などにはあたらない、という結論を出した。

これは、私たちが東京裁判はもちろんのこと、あの戦争そのものを考える際に、一つのヒントとなるのではないか。他ならぬ、連合国の主要国であるフランスの判事が、そのように語っていることは、少なくともより注目されて然《しか》るべきだろう。

【執筆者紹介】（五十音順）

井上寿一［いのうえ・としかず］

昭和31年（1956）生まれ、東京都出身。学習院大学学長。一橋大学社会学部卒。同大学院法学研究科博士課程単位取得退学。法学博士。平成5年（1993）より学習院大学法学部教授。平成26年（2014）より現職。第25回吉田茂賞受賞。『吉田茂と昭和史』『戦争調査会』『機密費外交』（以上、講談社現代新書）等、著書多数。

大岡優一郎［おおおか・ゆういちろう］

昭和41年（1966）生まれ、東京都出身。テレビ東京放送番組審議会事務局長 兼 編成局番組審査部長。慶應義塾大学法学部政治学科卒業後、NHKにアナウンサーとして入局。フランス・リヨン第三大学大学院にて国際政治学を専攻後、平成8年（1996）にテレビ東京に移る。報道番組のキャスター、アナウンス部長を経て現職。

岡部　伸［おかべ・のぶる］

1959年生まれ。立教大学社会学部卒業後、産経新聞社に入社。社会部で警視庁、国税庁などを担当後、米デューク大学、コロンビア大学東アジア研究所に留学。モスクワ支局長、編集局編集委員。2015年12月から19年4月までロンドン支局長を務める。現在、同社論説委員。著書に『消えたヤルタ密約緊急電』（新潮選書／第22回山本七平賞）、『「諜報の神様」と呼ばれた男』『イギリス解体、EU崩落、ロシア台頭』（以上、PHP研究所）がある。

戸高一成［とだか・かずしげ］

昭和23年（1948）、宮崎県出身。呉市海事歴史科学館（大和ミュージアム）館長。多摩美術大学美術学部卒業。㈶史料調査会理事、厚生省所管「昭和館」図書情報部長などを経て現職に就任。著書に『［証言録］海軍反省会』シリーズ（PHP研究所）、『海戦からみた太平洋戦争』（角川oneテーマ21）などがある。

中西輝政［なかにし・てるまさ］

昭和22年（1947）、大阪府生まれ。京都大学名誉教授。京都大学法学部卒業。同大学大学院博士課程単位取得退学。英国ケンブリッジ大学歴史学部大学院修了。静岡県立大学教授、京都大学大学院教授などを経て、現在、京都大学名誉教授。著書に『大英帝国衰亡史』(PHP研究所)、『アメリカ外交の魂』(文藝春秋)、『アメリカ帝国衰亡論・序説』(幻冬舎)、『日本人として知っておきたい近代史(明治篇)』(PHP新書)など多数。

早坂　隆 [はやさか・たかし]

昭和48年(1973)、愛知県生まれ。ノンフィクション作家。『昭和十七年の夏　幻の甲子園』(文藝春秋)でミズノスポーツライター賞最優秀賞を受賞。日本文藝家協会会員。著書に『世界の日本人ジョーク集』(中公新書ラクレ)、『ペリリュー玉砕』『指揮官の決断 満州とアッツの将軍 樋口季一郎』(いずれも文春新書)、『現代の職人』(PHP新書)など多数。

平間洋一 [ひらま・よういち]

昭和8年(1933)生まれ。元防衛大学校教授。防衛大学校卒(1期)。護衛艦「ちとせ」艦長、第三一護衛隊司令などを歴任し、昭和63年(1988)に海将補で退官。その後、防衛大学校教授、筑波大学講師などを務める。法学博士。著書に『第一次世界大戦と日本海軍』(慶應義塾大学出版会)、『軍艦「鳥海」航海記』(編著、イカロス出版)など多数。

福冨健一 [ふくとみ・けんいち]

昭和29年(1954)、栃木県生まれ。近現代史研究家。昭和52年(1977)、東京理科大学卒業。民社党政策審議会部長、民主党政務調査会部長、自由民主党政務調査会部長代理等を歴任。著書に『南十字星に抱かれて 凛として死んだBC級戦犯の「遺言」』『重光葵 連合軍に最も恐れられた男』(以上、講談社)、『日本共産党の正体』(新潮新書)など。

古川隆久 [ふるかわ・たかひさ]

昭和37年(1962)、東京都生まれ。日本大学教授。東京大学文学部国史学専修課程卒業、同大学院人文科学研究科博士課程修了。博士(文学)。平成23年(2011)、『昭和天皇』(中公新書)でサントリー学芸賞受賞。他の著書に『昭和史』(ちくま新書)、『近衛文麿』(吉川弘文館)などがある。

牧野邦昭［まきの・くにあき］

昭和52年（1977）生まれ。摂南大学経済学部准教授。東京大学経済学部卒業。京都大学大学院経済学研究科博士後期課程修了。博士（経済学）。専攻は近代日本経済思想史。著書に『戦時下の経済学者』（第32回石橋湛山賞受賞、中公叢書）、『経済学者たちの日米開戦』（第20回読売・吉野作造賞受賞、新潮選書）などがある。

森　史朗［もり・しろう］

昭和16年（1941）、大阪市生まれ。作家。慶應義塾大学法学部政治学科卒。国際関係論を専攻。日本文藝家協会会員。主な著書に『ミッドウェー海戦』（第一部・第二部、新潮選書）、『敷島隊の五人』（潮書房光人新社）、『空母対空母』（光人社ＮＦ文庫）、『零戦の誕生』『暁の珊瑚海』（以上、文春文庫）など多数。

渡辺惣樹［わたなべ・そうき］

昭和29年（1954）生まれ、静岡県下田市出身。日米近現代史研究家・カナダ在住。東京大学経済学部卒業。英米資料を広く渉猟し、日米関係を新たな視点で研究している。著書に『日米衝突の萌芽 1898-1918』（第22回山本七平賞奨励賞、草思社文庫）、『第二次世界大戦 アメリカの敗北』（文春新書）など多数。

【初出一覧】

いずれも『歴史街道』（PHP研究所）より

中西輝政（P.9～P.30）2018年12月号

牧野邦昭（P.31～P.42）2018年12月号

井上寿一（P.43～P.54）2018年12月号

渡辺惣樹（P.55～P.70）2018年12月号

戸高一成（P.71～P.80）2013年10月号

平間洋一（P.81～P.92）2013年10月号

戸高一成（P.93～P.102）2008年1月号

森 史朗（P.103～P.112）2017年8月号

早坂 隆（P.113～P.123）2016年4月号

岡部 伸（P.125～P.136）2013年7月号

早坂 隆（P.137～P.148）2015年12月号

古川隆久（P.149～P.160）2019年5月号

中西輝政（P.161～P.176）2018年1月号

福冨健一（P.177～P.189）2018年1月号

大岡優一郎（P.191～P.202）2018年1月号

PHP新書
PHP INTERFACE
https://www.php.co.jp/

『歴史街道』とは

1988年創刊の月刊誌。今ある歴史雑誌では一番の老舗で、昭和、平成、令和と3つの時代にわたって発刊し続けてきました。過去の人物や出来事を取り上げるとはいえ、歴史は現代の人びとに役立たなければ意味がありません。また、歴史は本来、堅苦しく難しいものではなく、もっと身近で楽しいものであるはずです。そして何より、人間を知り、時代の流れを知る上で、歴史ほど有益な参考書はないのです。そこで『歴史街道』は、現代からの視点で日本や外国の歴史を取り上げ、今を生きる私たちのために「活かせる歴史」「楽しい歴史」を、ビジュアルでカラフルな誌面とともに提供します。

装丁画：黒鉄ヒロシ
彩色：ウエル・プランニング

太平洋戦争の新常識

(PHP新書 1194)

二〇一九年七月二十六日　第一版第一刷

編者――歴史街道編集部
発行者――後藤淳一
発行所――株式会社PHP研究所
東京本部――〒135-8137 江東区豊洲5-6-52
第一制作部PHP新書課 ☎03-3520-9615(編集)
普及部 ☎03-3520-9630(販売)
京都本部――〒601-8411 京都市南区西九条北ノ内町11
組版――有限会社メディアネット
装幀者――芦澤泰偉+児崎雅淑
印刷所
製本所――図書印刷株式会社

ISBN978-4-569-84296-7

ＰＨＰ新書刊行にあたって

「繁栄を通じて平和と幸福を」（PEACE and HAPPINESS through PROSPERITY）の願いのもと、ＰＨＰ研究所が創設されて今年で五十周年を迎えます。その歩みは、日本人が先の戦争を乗り越え、並々ならぬ努力を続けて、今日の繁栄を築き上げてきた軌跡に重なります。

しかし、平和で豊かな生活を手にした現在、多くの日本人は、自分が何のために生きているのか、どのように生きていきたいのかを、見失いつつあるように思われます。そして、その間にも、日本国内や世界のみならず地球規模での大きな変化が日々生起し、解決すべき問題となって私たちのもとに押し寄せてきます。

このような時代に人生の確かな価値を見出し、生きる喜びに満ちあふれた社会を実現するために、いま何が求められているのでしょうか。それは、先達が培ってきた知恵を紡ぎ直すこと、その上で自分たち一人一人がおかれた現実と進むべき未来について丹念に考えていくこと以外にはありません。

その営みは、単なる知識に終わらない深い思索へ、そしてよく生きるための哲学への旅でもあります。弊所が創設五十周年を迎えましたのを機に、ＰＨＰ新書を創刊し、この新たな旅を読者と共に歩んでいきたいと思っています。多くの読者の共感と支援を心よりお願いいたします。

一九九六年十月

ＰＨＰ研究所